课外语文

应用系列

王毅 主编

古诗在作文中的应用

武振国◎著

辽宁人民出版社

图书在版编目（CIP）数据

古诗在作文中的应用 / 武振国著. —沈阳：辽宁人民出版社，2018.9（2021.5重印）
（课外语文应用系列 / 王毅主编）
ISBN 978-7-205-09365-5

Ⅰ. ①古… Ⅱ. ①武… Ⅲ. ①作文课—中学—教学参考资料 Ⅳ. ①G634.343

中国版本图书馆CIP数据核字（2018）第173990号

出版发行：辽宁人民出版社
地址：沈阳市和平区十一纬路25号 邮编：110003
电话：024-23284321（邮 购） 024-23284324（发行部）
传真：024-23284191（发行部） 024-23284304（办公室）
http://www.lnpph.com.cn
印 刷：辽宁新华印务有限公司
幅面尺寸：145mm×210mm
印 张：10
字 数：208千字
出版时间：2018年9月第1版
印刷时间：2021年5月第4次印刷
责任编辑：张 放 高 丹 娄 瓴
装帧设计：丁末末
责任校对：冯 莹
书 号：ISBN 978-7-205-09365-5

定 价：28.00元

再版说明

近几年，中小学语文教学改革呼声很高，2017年9月起，中小学语文教材发生了重大变化。新教材加大了传统文化内容，目标是培养学生阅读兴趣，力求提升学生语文素养。

辽宁人民出版社于2002年出版的“课外语文应用系列”丛书可以说预测了这种变化，早于十几年前就开始关注学生阅读兴趣与语文素养的培养。丛书出版16年来颇受小读者喜爱。为更符合新语文教材的培养目标，针对中学语文作文这一难点，丛书作者对书的内容作了修订，以使得这套以“语文的功夫在课外”为出版理念的中学生写作应用丛书更符合未来发展的需要。现择其中的10个品种推出。

本套丛书共10本，重点在“课外”和“应用”。其中的《宋词在作文中的应用》《古诗在作文中的应用》《唐诗在作文中的应用》《文言文在作文中的应用》等国学经典应用品种将赏析寓于应用，助小读者爱上国学、应用国学；《精彩人物描写在作文中的借鉴》《精彩景物描写在作文中的借鉴》《精彩心理描写在作文中的借鉴》《精彩议论在作文中的借鉴》《现代诗歌在作文中的应用》《名人名言在作文中的应用》等写作方法借鉴品种则是通过对名家名著的精彩文章片段的引用和点评来提升中学生的审美品位，进而形成写作直觉。

对于中学生作文来说，如何想、如何写、如何生动、如何感人——如丛书主编王毅教授所言：这一切在根本上是一个长期修炼的事情。所以，有心的小读者可将这套书当作阅读索引，循着这条线索，去发现一片阅读的森林，通过阅读，提升自己的写作水平。

时光荏苒，匆匆16年。当年的总策划赵炬先生和责任编辑之一王瑛玮女士已退休，但我们初心不变，愿以微薄之力助小读者们笔下生花！

再版序

转眼之间，这套丛书初版竟是16年前，如今有了再版的社会需要，令人感慨而高兴。

当年，组织这套书的撰写，我们就有一个基本的想法：从根本上讲，作文是一个人综合素质和能力的体现，从容而又自信地写出一篇自己满意、别人欣赏的好文章，这是积累、发展、逐渐成熟的水到渠成、瓜熟蒂落。然而，在这个自然过程中，能否有意识地增加一些助力？能否较具操作性、指导性和实用性地去滋养和提高中学生的作文素养？

2017年新版的国家语文课程标准强调语文学科的“核心素养”，它作为“学生在积极的语言实践活动中积累与构建起来，并在真实的语言运用情境中表现出来的语言能力及其品质，是学生在语文学习中获得的语言知识与语言能力，思维方法与思维品质，情感、态度与价值观的综合体现”，包括“语言建构与运用”“思维发展与提升”等几个方面。

对照之下，“选择从思路、角度、技巧、语言、风格等方面对中学生作文有较大启发空间的材料，密切结合中学生作文所需要的精神、思考、气质、语言、表达技巧等基本因素，从这个角度把所选的文化遗产中的营养和启发说出来，把写作所需要的思维和灵性说出来”，“分析和阐释这些文化珍品形成的思路、表达的技巧、风格的突出、语言的质量，分析那些作家、思想家从什么角度来理解人生、评说人生，如何独特地、富有感染力地表达自己这种理解和评说的，中学生在自己的作文中可以怎样借鉴应用，起到素质培养和具体启发兼有的作用”，本套丛书的宗旨倒是与此吻合。

语文的重要性、体现语文素养的作文之重要性，今天终于得到了它应该得到的重视。2012年至2014年，在各省区统一采用全国试卷之前，我曾连续三年担任辽宁省高考语文命题组组长，推敲拟定作文题目时，如何激活与考查考生的读书积累、思维素质和语言表达，是反复斟酌、思考再三、最费脑筋的。现在，不仅仅是各类考试中“得作文者得天下”，而且在信息海量涌现、自媒体蜂起、人们用语言文字进行表达和交流空前活跃的这个时代，必然是质高者胜出，平庸者湮没。

“语言建构与运用”“思维发展与提升”“审美鉴赏与创造”“文化传承与理解”，希望这套丛书能对中学生的“语文核心素养”起到一点作用。

王　毅

2018年5月于南国

写在前面的话

中学生的作文，老师非常强调，社会非常重视，其重要性鲜明地体现在中考、高考等各种考试之中。想一想，这当然是有道理的。从小学到高中，学了十几年的语文，无论是学生自己还是社会的期待，一般都不会要求你去孤立地分析、讲解字、词，或者是做语法分析，要的是你整体性地、综合性地使用语言文字的能力，这除了口头表达以外，在课堂上、在考场上、在实际生活中，很多时候就是看你的文章写作了。而文章写作对于中学生来讲，似乎又呈现着两种截然相反的状态。

对于为数不多的一些中学生来说，写作文并不是难受的事情，尤其是那种自己想写的“课外作文”，它是快乐，是享受，是一种自我实现、自我满足和自我升华。这大约就是真正意义上的作文了，与文学家们的文学创作相比，在本质意义上已经开始相通了。用纸和笔，把自己想说的话说出来，甚至是把自己脑海里、心灵中此刻并不那么清晰定型的感受和思绪整理出来，固定下来，越是去整理它、固定它，就越会发现自己的感受竟是如此丰富、细腻、微妙，自己的思绪是如此复杂，起伏变化，直通向一个令自己也吃惊的深处！诚如作家冯骥才所言，这在本质上真是一种生命转换的过程，即把最深刻的生命——心灵，有姿有态、活生生地呈现出来。这过程是宣泄，是倾诉，是絮语，是呼喊，又是多么快意的创造！对于一些现在已经在写长篇小说、在出诗集的中学生来说，他们已经进入这种境界了。

然而，对于更多的中学生来说，作文却是苦差事，是不得不做，所以只好敷衍了事的事情。其实，很多时候，语文老师在布置作文题时，为了让同学们有话可说，不至于太搜肠刮肚，给的已经是相当宽泛灵活的题目了，如“记一件有意义的事”“写一个熟悉的人”“自己去过的一个好玩的地方”“一本书的读后感”等。可是，有多少同学，面对这样的题目，仍然觉得脑中空空，束手无策，无话可说，或者是无从说起，仍然是件皱着眉头、烦得不得了的苦事。

关于作文，中国古人讲过的最经典的话，恐怕就是“有大法，无定法”“运用之妙，存乎一心”了。这话等于没说，但又是句大实话，一切总结出来的作文套路在根本上都是不解决具体问题的。这就正像所有兵书上的战法不能够保证一位将军去打胜仗，纸上谈兵的话，还要吃大败仗；也如同现在那些著名股评家建议的操作要诀，决不能保证每一位股民照此办理就笃定赢钱。仔细想一想，人生中的方方面面，恐怕没有什么是可以依赖“定法”的。前几天，中央电视台报道，说有人搞出了快速生成一篇文章的作文电脑软件，只要你输入自己要写的题材、主题、文体或者是别的什么要素，这个软件就可以飞快地从它的语料库中合成出一篇文章来。电脑当然是很了不起的东西，它依据人所提供的逻辑，靠着它自身快得惊人的资料整理和排列速度，的确可以在几百万、几千万甚至几亿、几十亿的文字中快速地找出与你这篇文章要求相关的材料来，这些材料，如果靠你自己去读、去找、去记的话，可能需要一个月，或者是一年；它还可以按照人所安排的某一角度的理性逻辑，把这些材料整合为有头、有尾、有中间的一篇文章。不过，这到底是由人的心灵涌出、情感发酵而成的文章呢，还是同一个题目、千篇一律的资料汇编和整理呢？作文，在观察生活、积累素材、发展思想、沉淀情感的基础上，在具体写作时，说到底是一个“想”和“说”的质量问题：如何想得清楚、想得透彻、想得独到、想得灵动，想到栩栩如生、诚挚感人的程度；如何能够把所想到的这一切说得明白、生动、到位，甚至在“说”的过程中补充和发展了“想”。这一切在根本上是一个长期修炼的事情。

然而，“有大法，无定法”“运用之妙，存乎一心”，并不意味着我们作文水平的提高就完全只能是一个自然过程。中外文学史上、思想史上那些已有定评的优秀文化资源，它们的存在，对它们的熟悉和领悟，进行必要的分析阐释，无疑会对中学生作文过程的“想”与“说”起到激活和引导的作用，辽宁人民出版社组织编写的这套丛书，用意就在这里。唐诗、宋词、古典诗歌、现代诗歌、古典格言、优秀文章中的议论说理、感情抒发，以及优秀文学作品中的景物描写、人物描写、心理描写，一共10种，构成了这套丛书的材料篇；除此而外，还有关于作文构思和技法的两种书，构成了这套丛书独具特色的构思篇和技法篇，使这套作文系列具有极强的知识系统性、实用性和指导性。这里需要强调的是：

本套丛书并不是一般性地谈论这些文化资源本身的内容和意义——尽管这一层也很重要，而是充分考虑中学生作文水平的切实提高，更注重分析和阐释这些文化珍品形成的思路、表达的技巧、风格的突出、语言的质量，同老师一道分析那些作家、思想家是从什么角度来理解人生、评说人生，是如何独特地、富有感染力地表达自己这种理解和评说的，中学生在自己的作文中可以怎样借鉴应用。这对中学生作文将起到素质培养和具体启发两个方面的作用。选择从思路、角度、技巧、语言、风格等方面对中学生作文有较大启发空间的材料，密切结合中学生作文所需要的精神、思考、气质、语言、表达技巧等基本因素，从这个角度把所选的文化遗产中的营养和启发说出来，把写作所需要的思维和灵性说出来，这就是本套丛书想要达到的目的。再换句话来说，它不重在那些大师（或者名作）想了些什么或者是说了些什么，而重在他们（它们）是怎样去想、如何来说的，我们希望这会对中学生的作文有更为切实的帮助。

想法听起来似乎还可以，但实际效果如何呢？在作文水平的提高上做一些操作性、步骤性的事情，这常常费力不讨好，而且很冒险，往往为那些妙笔生花的文章高手和文学家所笑。但我们考虑得更多的是中学生。我们期待着来自中学生和中学语文老师，还有专家的中肯批评。

目录

MULU

托物言志

讽世嫉俗

爱国忧民

节操正气

写作技巧

人情事理

进德修身

劝学勉行

托物言志

KEWAI YUWEN
YINGYONG XILIE

大风起兮云飞扬

大风起兮云飞扬，威加海内兮归故乡。

刘邦《大风歌》

刘邦打败项羽，平定反乱，天下初定，遂归故里。在沛宫置酒席，召请所有故人父老子弟纵酒。酒酣，刘邦乘兴击筑，自为歌诗曰：

大风起兮云飞扬，威加海内兮归故乡。安得猛士兮守四方。

歌的第一句风起、云扬意指秦末农民大起义。秦朝虽然建立了空前统一的中央政权，但却是在对人民残酷的剥削压迫的基础上完成的。庞大的帝国军队，庞大的官僚机构，多次大规模的战争，巨大的国防建设（如修筑长城）和宫殿陵墓建筑，这无比巨大的人力、财力支出使人民的供给力达到极限，而秦始皇及其子二世只有靠严刑峻法、横征暴敛来逼迫人民服役纳税，人民困苦不堪，起义造反势在必然。初由陈胜、吴广起事，义旗一举，四方民众揭竿响应。许多郡县的农民杀掉守令，归依义军，尤其在前六国境内，潜藏于民间的旧贵族亦都乘机聚众起事归附陈胜。如项梁、项羽叔侄就是旧楚名将之后，他们在吴（今苏州）杀掉秦会稽郡守而起兵。刘邦也自沛县起事，后归入项梁军中。陈胜、吴广业未竟命先亡，起义军在灭秦的过程中形成了诸王并存的局面，项羽、刘邦后来居上。秦亡后，楚汉相争，刘邦由弱而强，由避守、相持到反击，终于消灭项羽。秦末的农民起义、战乱，刘邦是耳闻目睹身历的参与者，而且逐渐成为历史风云的主角，一句“大风起兮云飞扬”高度形象地概括了数年间历史状貌，风起云涌，波澜壮阔，如果不用这比兴手法实在没有其他办法或赋陈、或描绘这丰富的历史内容，可谓以简胜繁。歌的第二句“威加海内兮归故乡”，这是创业帝王大业告成的豪情流露。如今风云消散，宇内澄清，天下归刘，大汉一统，十数年间，刘邦由布衣而为至富至尊至贵，如今衣锦还乡，光宗耀祖，面对故里父老子弟、朋友乡亲，还有比这更高的人生自豪吗？此时此刻即是刘邦的人生高潮、幸福感的巅峰。此景此情，千百年来许多怀有大志野心的人，梦中都没有实现过。然而，刘邦毕竟是有远见的帝王，他希望自己创立的基业坚固稳定，传之久远。今虽天下初定，而帝国疆外，异族窥伺，狼烟时起；王土之内，仍有叛乱隐患，所以他并未被胜利荣耀冲昏头脑，盼望着多得能臣良将，为他治国守疆。而历史证明刘邦的忧虑是深远的，卫青、霍去病、李广都是大汉的猛将，帝国的勋臣。如果我们比照一下刘邦的《大风歌》和项羽的《垓下歌》的异同，将是十分有意味的。

俟河之清，人寿几何

《周诗》有之曰：俟河之清，人寿几何？

引自《左传》

《左传·襄公八年》：“《周诗》有之曰：俟河之清，人寿几何？”后世的注释者解释说，这是周代的逸诗，不录于《诗》三百篇中。诗的意思是说人寿短促，等不及河水清澄之日了。黄河中下游流域是中华文明的发祥地，人种的滋养地，由于先民在此地域活动过频及自然气候条件的变化，东周时河水（河在古代是专有名词，类名称水，黄河之称是河水变浊以后才有的）开始混浊变黄，再未见清澈。因而有传说，河水千年清一次，当是天下政治清明、邦国昌盛之世。由此，又敷衍出“天之将降嘉瑞应，河水清三日”“黄河清，圣人出”之类的说法。“河清”一词，喻指理想的太平盛世。

“河清难俟”一语即言时机难遇，时久难待。历代诗文中表达此类感想的句子甚多，仅举几例。汉末王粲《登楼赋》：“惟日月之逾迈兮，俟河清其未极。”唐张说：“河清难得，人代几何。”孙中山《建国方略》：“若必俟我教育之普及，知识之完备而后始行，则河清无日，坐失良机，殊可惜也。”古人河清难俟的感想虽然有几分人生易老、人不胜天的悲凉无奈，但另一面表现的是珍惜人生时光、努力进取的积极精神。良机不可待，就不去等待，既生此河浊之世，也要去“灌溉”去“舟济”，仍要有所作为，起而行总胜于坐而待，用今人的话说就是“有条件要上，没有条件创造条件也要上”。即使不成不就，也不怨不悔不憾，所谓尽人事而已。

人生不满百，千年等一次。河清之世对个人来说实在是渺远了，但古人的预言还是未应验，两千五百多年来，黄河再未变清，且水患频繁，泛滥决堤，洪流改道，毁灭了无数的生命、财产、田园，河清真成了永远的梦想及对上古的追忆了。河清与否，确非天意，天人感应并无科学根据。与其“俟河之清”，不如治河使之清，以今人的理性精神、科学技术、经济措施，河水问题是可以根治的。近年西部诸省已开始有计划地全面恢复植被（退耕还林种草禁伐停牧），“河清”之景不久可现也。太平盛世也是如此，是人创建的，等是等不来的。

美人赠我金错刀

美人赠我金错刀，何以报之英琼瑶。

张衡《四愁诗》

张衡是东汉名重一时的辞赋作家和科学家，他创作的《二京赋》、发明的浑天仪和候风地动仪，都是中国文明史上的宝贵遗产。这首《四愁诗》共分四章，第一章原文如下：

我所思兮在太山。

欲往从之梁父艰，侧身东望涕沾翰。

美人赠我金错刀，何以报之英琼瑶。

路远莫致倚逍遥，何为怀忧心烦劳？

诗文大意是：

我心爱的人啊在泰山。

想去追随她梁父山阻太艰险，侧身东望泪沾衣衫。

美人赠给我镶金的佩刀，回赠她什么呢？英琼瑶。

路途遥远难送达，我心彷徨无着，怎么不使我忧愁烦恼？

后人的诗序中说，当时天下渐弊，张衡郁郁不得志，才作《四愁诗》，表达其伤时忧世的感情。所以我们欣赏这首诗，既不能把它当作因某种特定人事境况而生发的具体情感，也不能将它当作男女相思失恋的诗看待。它基本上是一种比喻性的、较抽象的、一般的情感意象，我们应清楚古代作品的这个特点。诗的前两句以泰山比君王，以梁父喻小人。实际上梁父在泰山之下，其“艰险”本不足道也。“金错刀”与“英琼瑶”都是极珍贵的宝物，用作礼品，非同一般，实喻指仁义之类的理念。诗章以男女之情比君臣之义，作者本想以治国之道术报效君王，而又恐惧君侧小人谗佞而不得通衷曲，有些忠贞幽怨的意思。当年鲁迅为讽刺当时盛行的失恋诗，作了一首模拟张衡《四愁诗》格式而反其意的新打油诗，很有趣味，近年有人出书以《美人赠我蒙汗药》为书名，大概是受了鲁迅诗的启发，不过其寓意要比鲁迅直露一些。现将鲁迅的《我的失恋》抄录其一如下，以供赏析比较之用：

我的所爱在山腰，想去寻她山太高，低头无法泪沾袍。

爱人赠我百蝶巾；回她什么：猫头鹰。

从此翻脸不理我，不知何故兮使我心惊。

“美人赠我金错刀，何以报之英琼瑶”，亦可用以表达纯洁的友情交往。

少壮几时兮奈老何！

秋风起兮白云飞，草木黄落兮雁南归。

兰有秀兮菊有芳，怀佳人兮不能忘。

泛楼船兮济汾河，横中流兮扬素波。

箫鼓鸣兮发棹歌，欢乐极兮哀情多。

少壮几时兮奈老何！

刘彻《秋风辞》

作者刘彻即汉武帝，是汉朝在位时间最久、功业最著的皇帝。军功之外，于文学也有建树，如乐府之设即出于汉武帝。汉武帝也能诗善赋，相传这首《秋风辞》就是他作的。

辞的前两句以景物描写起兴，秋风白云、草黄木落雁归既是眼中所见之景色，也是引发作者诗思之美感对象。诗情虽潜于人的内心，但必因景而生，且寄托于景，抒情须借助于写景。次两句是比，“兰有秀兮菊有芳”，说兰和菊都有花朵和芳香，花朵悦人目，芳香沁人鼻，都使人生美感。而兰、菊两种花卉被看作洁雅清高之物，常用于比喻人的品貌气质。但春兰秋菊不能生于同时，因而这里不是实写，不是眼前之物，是借以喻指不能忘怀的佳人的。第五、六、七句是写实况，泛楼船渡汾河，横渡中流，水翻白浪，箫鼓齐鸣，伴以船歌。最后两句是“卒章显其志”，即这首诗的眼、用心所在。对作者来说，虽是身经此情此景自然生发的感慨，但包含着深刻的思想和哲理，较之一般写景抒情更耐人寻味。

“欢乐极兮哀情多。少壮几时兮奈老何！”汉代诗赋中，常有一种感伤的情调，就是对生命短促、人生无常的忧伤。汉武帝已开了先河，一直漫延到汉末。既然如此，就该及时行乐，然而行乐又带来了更深的悲哀，其积极意义在于这些诗避开了政治、伦理、迷信等主题，而去关注个体人生、人的生死福祸荣辱苦乐，更执着于人生，因而有深刻的积极意义。在中国文艺史上，这是人的觉醒和文艺自觉的一个标志。我们今人读这两句诗，主要是通过它思索人生的意义。少壮易老，人生有限，人生难得，因而不要愧对人生，少壮时该享乐就享乐，该学习奋进就奋进，实现生命的价值，体验人生的意义，切莫糊涂过一生。

老骥伏枥，志在千里

神龟虽寿，犹有竟时。
螣蛇乘雾，终为土灰。

老骥伏枥，志在千里。
烈士暮年，壮心不已。
盈缩之期，不但在天；
养怡之福，可得永年。
幸甚至哉，歌以咏志。

曹操《步出夏门行·龟虽寿》

神龟虽长寿，还是有尽限。螣蛇可乘雾升空，但早晚要落到地上死亡，化成灰土。老马伏在槽边，仍然想着日行千里。雄豪人杰虽到晚年，其雄心大志仍不停止。寿命的长短并不全在于天命，只要保养得好，也可以延年益寿。

这是一位雄才大略的人写的一首雄浑旷达的诗。曹操生逢汉末，遭遇乱世，这给他这样出身素族的人施展才略、创立功业，提供了机会。在群雄逐鹿的争战中，他后来居上，击败诸强，统一北方，控制了汉室皇帝，并几欲一统天下。曹操本人既是建安末世离乱的遭逢者，又是当时军事战争、政治战争的主要参与者、发动者、决策者。历史的和个人的条件结合，成就了政治家、军事家和诗人三位一体的曹操。所以，曹操的诗作既有那个时代共有的慷慨悲凉之风，又有他个人旷达豪迈之气。这后者正是同时代的诗人所没有的。这首《龟虽寿》为曹操北征乌桓时所作，其雄心壮志皆得歌咏而出。

“老骥伏枥，志在千里。”曹操作这首诗时五十三岁。在古时，五十三岁已算老年，所以曹操是以老马自况。这马不是一般的马，是骥，是良马，只有良马才能日行千里。良马即使老了，跑不动了，仍然想着日行千里。人也如此，英雄豪杰，虽人到暮年，雄心壮志并不减退。其实，作为自然生命过程，人人都由少壮而老衰以至于死。如何看待生命，看待生老病死，看待人生的意义，并进而想到如何去做，就能看出人生质量的差别。读此诗我们能感知到曹操有三点令人起敬。其一，为人不迷信鬼神，不追求长生不老，清醒地知道任何生命都有寿限。这点对今人来说不算什么，但古代帝王，包括秦皇汉武都迷信神仙，招用术士，但曹操对此很理智。其二，知道人生有限而不悲观，老而不颓唐，且益豪迈，这也难得。其三，不完全相信命运，认为一个人可以在自己的功业方面有所作为。人生之要在于积极进取。读其诗，想其人都很难得。曹操在世时并未称帝，曹魏的江山功业福祚不能称洪久，周秦汉唐宋元明清的行列里没有他的份儿，但曹操的政治智慧、军事才能、襟怀意气，和历史上任何帝王将相比都不逊色。诗如其人，有其人才能有其诗。“烈士暮年，壮心不已”，人在少年，更应早立志，立大志，立长志，方才不负此生平。

松柏有本性

亭亭山上松，瑟瑟谷中风。

风声一何盛，松枝一何劲！

冰霜正惨凄，终岁常端正。

岂不罹凝寒，松柏有本性！

刘桢《赠从弟（其二）》

作者刘桢，汉末人，“建安七子”之一。《赠从弟》共三首，分别以萍藻、松、凤凰比喻从弟（即堂弟）的品性，既是赞美也有勉励。这首诗写松，亭亭屹立在山间，山谷中发出风吹松针的瑟瑟之声。风声是多么猛烈，迎风的松树是多么坚挺！经受着严酷的冰霜袭击，但终年身姿不歪不屈。松柏有坚贞顽强的本性，因此不惧严寒的侵凌。

刘桢生活的时代正是汉朝末年，军阀混战，社会动乱，人命危浅，朝不保夕。生逢乱世，要么乘机取利，要么苟全性命自保是幸，很少有人去追求什么理想德操。如本诗作者这样，勉励自己兄弟，像松柏那样，不畏狂风，不惧严寒，堂堂正正做人，追求社会人生理想，不苟且同流，的确是难能可贵的。其实，刘桢对从弟的赞美和勉励，同时也是自勉自况。刘桢当时为曹操丞相掾属，因雅好诗文与曹丕兄弟交情很好，后因在曹丕席上平视丕妻甄氏（因为甄氏本是袁绍的儿媳，曹操灭袁后俘为曹丕妇，似又与曹植有情），以不敬之罪服劳役，后又免罪置为小吏，其人性格气节由此可见一斑。

古人在说理或言志时，经常采用比物联类的方法，在诗歌创作中尤其多。他们从自然界的各种事物的状貌特征联想到人事人情。因而约定俗成，某些自然物往往被当作某种社会人生现象的象征，这样，我们从诗人、画家等人的笔下见到的对自然事物的描写，实际上是暗示社会人生。松柏由于其自然特性被视作长寿、肃穆、气节等人物象征。《论语》上有："岁寒，然后知松柏之后凋也。"《幼学琼林》上也说："岁寒松柏，有节之称。""岂不罹凝寒，松柏有本性"，这两句诗用在作文中，一个是用于描写称赞人物生命力顽强，精神刚毅，正直无畏，有顶天立地的气概。二是用于自勉，表示自己节操正气的人生境界的追求。松柏为何不凋不残？不是因为它们遇不到严寒的袭击，而是由于它们品性刚强坚定；英雄豪杰仁人志士为何堂堂正正，无愧无悔，俯仰自若？不是他们人生一帆风顺，未遇过坎坷危难，而是因为他们有崇高的社会人生理想，有为真理、为信仰而献身的坚强意志。

不信东风唤不回

三月残花落更开，小檐日日燕飞来。
子规夜半犹啼血，不信东风唤不回。

王令《送春》

作者王令，北宋广陵（今扬州）人，诗人。此诗描写暮春景象。古人分春季为三春，即孟春、仲春、季春。春是一年最好的季节，人们尤其喜爱春天。春天的花、草、树、鸟、风、雨是春景春情的最佳表征，它们的状态、颜色、行为、声音、大小、出没、干湿、寒暖，都与其他季节有所不同。春去了，这些事物也就随之改变乃至消失了。爱春的人对这些物象的特征都十分关注。农历三月时近暮春，大部分种类的花朵都褪落了，虽有少数开得晚的，但春的盛势已去。矮檐下，燕子天天飞来飞去筑巢了。夏将来临。最爱春的是杜鹃，它半夜啼鸣，声音凄惨，连血都叫出来了。它不相信叫不回春风，留不住春天。

这首诗在对暮春的客观描写中，也流露着作者的主观情绪。有几分伤春之意，题名叫“送春”，即有伤别之意。不过从形式上看，作者是通过物象的生动描写、拟人手法的使用来完成“伤春”的立意的。春季鸣叫的鸟很多，黄莺、山雀、野鸡……但唯有子规（又叫布谷、杜鹃）叫声悲凄，似有不已的痛苦。古人有传说，杜鹃叫得最苦时，是要泣血的，情景极为悲惨，在古人的心中，子规鸟是最典型的伤春意象，是春天的精灵。古诗文中写子规的诗其基调都是悲凉的。这首诗未写作者的惜春之情，但借对杜鹃的拟人化描写，间接地传达了作者的心情。其实伤感并不是消极情绪，不值得鼓励，对春归的伤感恰恰体现了人对美好的事物、对生命的美好时光的珍重和留恋。热爱生命的人，有丰富敏感的精神世界的人，才有伤春之心之事。《红楼梦》中只有林黛玉去葬花，大概她是最能体悟生命意味的人。在讲理智实利的人看来，这违背自然规律，且无益无用，有此情此举实在荒唐可笑。今天多数青年人对古诗中的这种情绪不能理解，如换一个角度去想，答案也许就不同了。

“子规夜半犹啼血，不信东风唤不回”，虽非客观事实，但它是诗人用真挚的情感和丰富的想象力创造出的极富韵味的审美意象，有强烈持久的感染力。

年年不带看花眼

准拟今春乐事浓，依然枉却一东风。
年年不带看花眼，不是愁中即病中。

杨万里《伤春》

作者杨万里，号诚斋，南宋吉水（今江西吉安）人，著名诗人。诗意如题，此篇为伤春之作。本打算好好享受今年的赏春乐事，但仍如以往又辜负了一番春风美景。年年都不能带着看花眼（主观态度审美态度）去赏花，都是因为愁病缠身而难遂人意。

温饱有余的人都会去远郊或山野踏春，像本诗作者这样的著名文人数年不去赏春，那是怪事。非不愿也，是不能也。心有愁烦，任是怎么好的良辰美景，他都不会动心思的。人在病中，躯体难支，纵有赏春的愿望，又如何能去得了呢？年年偏如此，诗人自觉与春无缘，十分遗憾。今年早做准备下决心尽兴尽情地去赏春，结果仍然未能如愿，真是有负东风，这就更令诗人伤感自责。从美学上说，游春即是欣赏自然美，中国人何时开始出现游春的习俗如今已不得确知，但《论语》中已有记载，曾子向老师谈过游春之乐，唐宋时已蔚然成风，有大量有关游春的诗词、绘画流传下来。可见对自然美的观赏成为那时文人的生活趣味、艺术趣味的重要内容。今天说起来简单，其实欣赏自然美是很高级的精神生活，需要一定的主体条件。第一，人得解决了生存、温饱需求，即生活上有一定保障。第二，精神上相对自由轻松，没有令人感到压力、忧愁、紧张之事。第三，这人得有点儿雅趣，不能除了认知和功利活动之外对什么都没有兴趣。否则，再好的自然美景对他也没意义，不会成为他的审美对象。“年年不带看花眼”，本诗的作者就是由于自身的审美条件受到了限制，有生存上的压力（病中）、有精神上的压力（愁中），只能是与东风无缘了。当然，因何愁，因何病，作者没有明说。是真的还是矫情的，也不得而知，那我们就信其为真吧。作者虽未能领略这一年一度的良辰美景，徒留感伤遗憾，但这伤春之诗仍然是美的，这也是春的花朵，尽管是残病的。

清风明月无人管

四顾山光接水光，凭栏十里芰荷香。
清风明月无人管，并作南来一味凉。

黄庭坚《鄂州南楼书事》

作者黄庭坚，北宋分宁（今江西修水）人，与苏轼并为诗坛领袖人物。鄂州，今湖北武昌县。登南楼四顾，山上光景与

水中光景交相辉映，凭栏远眺，十里水面片片芰荷，菱花飘散着淡淡的香气。到了晚上，有无人经管、任意取用的清风明月，也算作南来赏受的一味凉菜吧。

此诗写作者南来鄂州，游览南书楼的观感。鄂州临长江，其地水塘湖泊众多，南楼应于水边胜处，便于登临观览。诗人登楼四顾，但见山水相连，水面上远远近近都是菱花，没有市井的喧闹，尽得山水之趣。晚上，这里又是领受清风、观赏明月的好去处。夏日的鄂州闷热难当，这里的清风明月令人顿觉身心凉爽，反正不用付钱，就算是此地特有的一道凉菜。

“清风明月无人管，并作南来一味凉”，虽然是写的诗人当时当地的观感，但它超越了个人的审美经验，成为文人墨客普遍的避俗的人生趣味和审美态度的一种反映，为后人所乐道。人生有各种需求享受，都因人而异。美味佳肴之欲，声色犬马之欲，良田美宅之欲，权柄功名之欲，成仙得道之欲，修齐治平之欲……不一而足，但这些欲求有一个共同的特点，那就是所欲的对象少而欲求的人多，都是“有人管”的不能白拿的东西，能得到的人必须付出高昂的代价，如愿的人只能是少数。为了得到甚而保持它们，争斗流血罪恶因之而起。对大多数人来说，满足这种欲求的机会是不均等不公平的。但有另一种享乐，其对象就是清风明月、种种自然之美，它们无人能占有，也没有人想管，取之不尽，用之不竭，因而没有供需矛盾，不用花钱就可轻而易举地得到。可是，世上许多富贵的人，营营于生于利于名的人，并不产生对自然美的精神需要，甚至不能理解玩风弄月的人。玩风弄月，惜花怜草，伤春悲秋，往往成为文人的专利。他们在物质势力上可能处于劣势，居于贫贱，但是这种审美带来的精神享受使他们的人生变得富有、高雅。

于清风明月中消遣人生，寄托人生，体味人生，不能仅仅当成失意后的无奈寂寞情怀，人的精神境界提高了，将物质功利的东西看轻一点儿，就会得到这种审美享受。

万物静观皆自得

闲来无事不从容，睡觉东窗日已红。
万物静观皆自得，四时佳兴与人同。
道通天地有形外，思入风云变态中。
富贵不淫贫贱乐，男儿到此是豪雄。

程颢《偶成》

心闲身闲做什么都从容不迫，一觉醒来已是红日照东窗了。天地间万物定心观察，都会有心得体验，对春夏秋冬景象物候的感兴，与他人是一样的。道贯彻在有形有限的事物之内，又超越有形有限的事物，静思能体悟风云变幻之妙。富贵不能惑乱其志，身处贫贱也自得其乐，大丈夫到这个境界，才是英雄豪杰。

这是一首理学大师的言志诗，借诗的形式谈他自己的人生心理境界。诗中说的道又叫理，通俗地说，理就是一切事物的“所以然”，即宇宙万物的根本规律。天下地上乃至六合之外只有一个共同的理。所以“理”既是指自然法则，也是指人类社会的当然原则，它适用于自然、社会和一切事物。理使得天人合一，万物一体。理学家一生的志向就是明理求道，其具体办法就是定性定心静观。内心绝对安宁与平静，不受干扰，物我两忘，就能体悟道之妙、理之奥。因而这首诗的前两句写的就是作者定心定性的心理状态，在生活中的修养功夫。有了这种功夫，就能静观万物以合乎自己的心性。因人同此心，事同此理，故诗人对四时风光物候的感触与他人是相通的。道即理，虽为抽象不可触摸之物，是形而上的东西，但它就存在于有形事物之中。求道人的思维进入不断变幻的事物之内，就能体悟到道的存在、道的微妙。诗的第三、四、五、六句，谈的是观物体道的心理境界。最后两句为卒章言志，“富贵不淫贫贱乐”来自孟子。孟子说，士之求道立志，必须是威武不能屈，富贵不能淫，贫贱不能移。道是人生的最高追求，它的价值远在人间富贵贫贱之上，甚至超越生死。所谓的“杀身成仁”“舍生取义”“从道不从君”，就是这个意思。古代儒家的这种思想似乎离现代青年生活心理已经很远了，但只要我们认真思索这其中存在着的永久不废的精神价值，是可以被我们吸取转化为现代人的思想资源的。

“万物静观皆自得，四时佳兴与人同”，这说的是体悟道的心理过程，也可以看作是人生的审美境界。以安宁平静的审美之心观赏体味世间万物，就会感受到万物之妙，就能用自己的体悟所得去推想人人面对此情此景之心，因而把这两句诗看作审美体验论也未尝不可。

不畏浮云遮望眼

飞来山上千寻塔，闻说鸡鸣见日升。

不畏浮云遮望眼，自缘身在最高层。

王安石《登飞来峰》

登上飞来山上的千寻塔，听说鸡叫的时候就能见到日出。不怕浮云遮住视线，当然是由于自己身处最高的空间层。

飞来峰也称灵鹫峰，在杭州西湖西北，高二百多米。峭壁岩洞中有五代造像。方志记载，晋代西天僧慧理登此山，叹道，此是中天竺（中印度）国灵鹫山的小岭，不知何年飞来此地。于是挂锡造灵隐寺，号其峰曰飞来。本诗作者王安石当年登此峰，峰上有高塔（古时八尺为一寻），有传说，登上此塔鸡鸣时分就能见东方日出。公鸡司晨叫三遍，一般叫第三遍时天已拂晓，东方天边有鱼肚白，但要过半个时辰才能见到日出，这传说意在神化此塔之高之灵。登上此山，再上高塔，整个西湖、杭州城尽在眼底，确有人在云端的感觉。这首诗记游历观感不可谓不真切。

但是这首诗又另有用意，它又是一首说理寓志诗。西湖周围无甚高山，飞来山孤峰拔地而起，尤显峻峭，且高塔立峰巅，登塔似入云霄，处高而望远，心胸自然极开阔舒畅，崇高之感、博大之情，则油然而生。王安石不仅是诗人、学者，同时还是有抱负、有作为、有重权的政治家。这首诗所抒写的审美感受同时包含了他的政治豪情，审美境界又引向了人生境界。自然的事物之理和社会的事物之理合二为一了。王安石于宋神宗朝两次出任宰相，力主富国强兵，制定并推行新法，革除弊政，遭到守旧派的顽强抵抗反对，但王安石并不妥协退让。所以这首诗也可以看作是他的政治言志诗，表达他的政治自信之情。“浮云”大意是指阻碍他实行政治改革的各种势力、观念，软软硬硬的各种不利因素，未必就是某个敌对派人物，因为变法面临的不仅是政治上的派别政见之争，同时也有非政治对抗性的观念认识之分歧。“浮云”一词用得甚有包容性，这些对抗性的阻力也好，非对抗性的阻力也好，都不能改变自己对变法大计的坚定立场。为什么呢？是因为身居高位总览全局有政治远见，对时政的利弊得失，过去、现在、未来，看得十分清楚。因此，王安石的这首《登飞来峰》所抒写的登临之意意在诗外。知人论世，必须作如是观。

“不畏浮云遮望眼，自缘身在最高层”，可以当作关于人生、志学、政治的哲理诗来看。既可作论文的题目，也可作记叙文的题目。如作记叙文，当记有眼光、有见识、有胆略的人物。

一江秋色无人管

自把孤樽擘蟹斟，荻花洲渚月平林。
一江秋色无人管，柔橹风前语夜深。

萧立之《第四桥》

作者萧立之，南宋宁都（今属江西）人，宋亡成为遗民。这是一首写风景情趣的诗。诗题为“第四桥”，意思是舟行至此桥之处。持着酒杯掰着螃蟹自尝自饮，桥下水边的荻花，水中的洲渚，远处的平林，都被月光抹成一片。但见这一江秋色，而不见人影人动，不闻人声人语，唯有自家乘坐的这只孤舟轻慢的欸乃之声如此清晰，似乎在说夜深了！

世间的良辰美景，唯于静中能观之感之，细细品味之。这“静”有两方面的条件：一个是外界氛围相对安静，无人事活动的喧闹干扰；二是观赏者自身的心静，即身是自由身，心是自由心。这首诗就是这种条件下的产物。夜间江中泛舟，一人独斟独饮，且有螃蟹可下酒。当然船也是一条“闲船”，不为轮渡，不为物运。人是一个闲人，乘舟不为赶场，不为押送，确为夜中消遣。不论这船是自家的，还是租来的，反正是为游览消闲之用的。船于江中时泛时泊，似行似停，诗人借月色见江边芦苇荻花白白，水中洲渚茫茫，远处平林一抹，都笼罩在月光下。这秋夜江中月下的景色真是静极了，美极了，没有一点儿人为景象，没有一点儿人的动静。偶然间接透露出一点儿人为活动信息的是轻轻摇动舟橹的声音。“欸乃”一声，有如人语，又似天籁，似乎在提醒诗人，夜深了。可谓静中之动，令人感触顿生，品味无穷。

整首诗没有故事，也没有思想，但为一种审美体验，其意味之形象可说者如上，又有不可说者须读者慢慢领略，细细体验，可能会有会心。

“一江秋色无人管，柔橹风前语夜深”，作为拟人手法的使用，也是很成功的。静夜无人唯见江中月色，说成没有人经管，很得情趣之妙。诗人在说这世界上熙熙攘攘的人皆为欲来利往，他们并不懂得良辰美景的价值，无福消受这秋夜江中美景，只有自己独家消受了，孤寂中流露着几许自高自豪自得之情。橹声如人语，天籁也有情，表现的也是一种纯粹的审美情致。诗人这里的拟人手法是把自己的主观情态和物理现象的界限打破了，万物有人情是他当下真实的体验，他听懂了物理声响的人情含义，因而流出笔端，化成诗句也就自然成趣，不仅仅是一个修辞上的比喻。

从此江山是故人

流落江湖四见春，天恩复与两朱轮。
几年鱼鸟真相得，从此江山是故人。
碧落已瞻新日月，故园好在旧交亲。
此生已免嘲伧父，莫避北风京洛尘。

张耒《发安化回望黄州山》

作者张耒，北宋末年楚州淮阴（今江苏淮安市淮阴区西南）人。诗人因坐元祐党案，被贬到黄州（在今武汉东，长江北岸）。宋徽宗继位，被召回京师，起为太常。此诗作于回京途中。

流落在江湖至今经过四个春天了，岂料皇恩降临又得乘朱轮车为高官。这几年在南地与鱼儿鸟儿成了知己，从那时起这里的山水草木都是我的朋友。天上已可仰见升起的新日月，回归故园那故人相见的情景一定是分外亲切。这辈子再也不受南人“伧父”之讥了，哪还在乎回归途中的风尘劳顿。

诗的内容很明白，有几个词语在写作手法上叫借代，须略作解释。“流落江湖”一般是指一个人不在家乡耕读，或在政府为官为吏，混迹社会底层的三教九流中；另一含义是指被放任在与都城朝堂相距遥远的偏僻之地。这首诗用意与欧阳修《岳阳楼记》中说的“处江湖之远”的用意一样取的是这后一种含意。天恩借指皇恩。“朱轮”，在汉代公侯及享俸二千石以上品级的官员的车乘着朱色，后世以之代指高官厚禄。“碧落”即苍天，代指朝堂。“新日月”指新君王。“伧父”，南人笑骂北人粗野的一个词语。

“几年鱼鸟真相得，从此江山是故人”，这两句诗是全诗中最好的句子。它一方面很真切地表达了具体的特定的人生感受，其含意须在此诗背景中得以诠释。同时其含意已超出了在具体诗中的限制，可以单独欣赏品味。即它表达了一种有普遍性，能引发广泛共鸣的人生及审美感受。在此诗中，这两句诗作为具体的人生感受、心理经验，是与个人的处境、遭遇直接相联系的。诗人作为贬官，又是外乡人——北人，来到南方异地——黄州，本有他乡陌生之感，同时在公私事务交往中一定是遭人冷落，乃至歧视，下文的“伧父”之嘲即可证明，所以他痛感人际关系的孤凉，而寄情于山水鱼鸟，从中得到了心灵的安慰。人情薄而恶，物情厚而善，自然美衬托了人文丑。抛开具体的人事背景，就这两句诗来说，它反映了人与自然应有的一种亲昵的关系，人与万物息息相通的心理体验。将自然事物不当成衣食住行的利用对象，而是当作以心相托的朋友，是人性高度自觉、人生境界升华的表现。这两句诗因而可以作为抒写我们热爱自然美，用情于自然界生物的句子。人因某种机会成了保护环境的志愿者，与自然事物结下了深厚的感情，有了一段与动植物打交道的切身经历，就可以用这两句描述他的心境，贴切而又雅训。

道人忘我我忘言

倦童疲马放松门，自把长筇倚石根。
江月转空为白昼，岭云分暝与黄昏。
鼠摇岑寂声随起，鸦矫荒寒影对翻。
当此不知谁客主，道人忘我我忘言。

王安石《登宝公塔》

宝公是南朝高僧，圆寂后葬于建康（今南京）城南方定林寺前冈独龙阜，梁朝皇室建宝公塔于其葬地之上。本诗作者王安石另有《宝公塔》诗描述此塔卓然高耸："塔势旁连大江起，尊形独受众山朝。"这首诗抒写登临观感。山高路遥，随从倦了，马也累了，都在松门前停下休息了，诗人自己拄着竹拐杖也靠在石根下。江面上方的明月将天空照得如同白天一样明亮，岭上飘浮的云彩将暝暗分给了黄昏。松鼠摇动树枝打破寂静声音随之而起，乌鸦在荒寒的空中飞行投下翅影。面对此情此景，此时此刻，不知道谁是主人谁是客，道人忘记了我我也忘记了语言。

金陵为六朝古都，也是佛教圣地，南朝皇室笃信佛教，佛寺、佛塔、高僧都多。王安石晚年罢相退休，隐居金陵，常有登临之举，一是消闲锻炼身体，二是激发意志，感受自然与人生合一的境界，作精神世界的畅想。作为前朝宰相，登临佛塔自然惊动了定林寺的住持，特来恭迎相陪，诗中所谓的“客主”“道人”与“我”说的就是这个情况。

“当此不知谁客主，道人忘我我忘言”两句写出了这次游历观赏的极度体验。主人、客人都沉迷于观赏的景色中，什么都忘了。我们可以把这两句诗看作对审美境界的最高描述。游人登临观览，从美学上说叫欣赏自然美。不同的美景，不同的审美者观赏时心理活动的程度是有差异的，有深浅大小多少强弱等的不同。一般地说，都能达到悦耳悦目的程度，再进一步就是悦心悦意。在特殊审美主客体条件下，观赏者可以达到悦神悦志的境界。王安石这里描述的就是这种体验。审美心理活动高度活跃，达到极致时有灵魂飞跃驰骋于天地万物间的感觉，人与对象的界限没有了，不知何者为我，何者为物，个人与现实的一切联系都在意识中全消失了，我是谁，干什么来了，诸如此类的理智活动全都中止了。这种心理境界用庄子道家思想来解释叫作“坐忘”，人在极度宁静心态下观物体物，得到物理变化之妙，就不自觉地进入忘我状态。不仅忘我，甚而忘言。何以忘言，那种体验的意味是语言说不出来的，知心者可意会。人情物理最精微的东西是超语言的，有时借助语言作个津梁，但最后还是放弃了语言，所谓“得意忘言”。

这种体验青年学生也可以感受到，一般的人主要缺少审美态度，正心诚意的修养不够。如果我们某次去某地旅游，那地方的景致吸引了我令我忘怀，我们写文章记观感形容心情，引用这两句诗就比较好。

本是同根生，相煎何太急

煮豆燃豆萁，漉豉以为汁。
其在釜下燃，豆在釜中泣。
本是同根生，相煎何太急！

曹植《七步诗》

《世说新语》上记载，文帝曹丕“尝令东阿王七步中作诗，不成者行大法。应声云云，帝有惭色”。《世说新语》是南朝人刘义庆撰写的记叙魏晋人物轶事的小说，因而这首诗恐怕是附会之作。但它合乎情理，又有趣味，所以流传下来，记在曹植名下。曹丕与曹植是同父同母兄弟。曹操在世时对自己继承人问题有过犹豫，曹植天资最聪慧，才气文章在乃兄之上，深得曹操宠爱，但曹丕终以长子的优势继承了父业，废汉皇而称帝。他当然对自己的兄弟们不放心，就把他们分封到土地荒瘠、人口稀少、兵力软弱的地方去，并设监国之臣对他们进行监督，不许他们互相往来，以防他们争夺帝位。其中，对曹植的猜忌防范最重，以致加以迫害，如杀掉曹植羽翼丁仪、丁翼，派监国使者严加监察，并罗织罪名加以治罪，碍于生母干预才未下毒手。曹植被贬爵，又削了许多食户，由万户侯减为千户，他的封国之域是县，其他兄弟是郡。总之，曹操死后，曹植生活窘困，没有自由，且处境极为危险。所以，这首七步诗写的内容是合乎当时情况的。第二点，说曹丕让曹植七步为诗，不成则杀他，一方面说明曹丕心狠手毒，而曹植竟然七步诗成且情真意切，既道出了曹丕的用心，又刺激了曹丕的良知，使他碍于情面无法下手，则又说明了曹植才思敏捷，临危不乱，令人赞赏同情。

“本是同根生，相煎何太急”，这两句诗不管是不是曹植所作，历史真实中是否发生过曹氏兄弟的这种戏剧性场面，它所表达的含意的确令人感到无比沉痛。中国历史上为了王位之争上演过多少同室操戈、父子兄弟夫妻相残的悲剧。这是人类良知的呼唤，理性的觉醒。抗日战争时期，国民党军队阴谋袭击新四军，制造了皖南事变，周恩来在南京的报纸上发表了声明，揭露国民党的罪行，文中有四句诗：“千古奇冤，江南一叶。同室操戈，相煎何急！”表达了无法抑制的愤恨痛惜之情。这两句诗用在作文中是在表示自己不赞成内部争斗，为了什么利益而互不相让的时候。

小荷才露尖尖角

泉眼无声惜细流，树阴照水爱晴柔。

小荷才露尖尖角，早有蜻蜓立上头。

杨万里《小池》

这是杨万里的一首著名的七言绝句。诗的大意是：泉水悄无声息地细细流淌着，树的影子照在水中珍爱自身的柔美。新荷刚出水面，才只露出了尖尖的一角，早已有蜻蜓自立于荷叶之上了。

诗人淡淡几笔，便活脱脱地为我们勾勒出一幅初夏即景图。读罢全诗，一股馨香、一阵清凉，扑面而来，顿时令人神清气爽，烦恼尽释。“小荷才露尖尖角，早有蜻蜓立上头”这两句诗，历来受到人们的喜爱，并广泛传诵。这两句诗，虽只有短短的十四个字，却分明让人感受到了初夏时节的绿意盎然，勃勃生机，极活泼可爱。诗人以画入诗、以诗传画，诗情画意，展示了一幅令人骨醉魂销的初夏风光图。

我们作文时可以在这样两种情况下引用这两句诗：

一是写景，即描写初夏时的景物。夏天是万物生长的季节，一切都充满勃勃生机，令人昂奋。写初夏时，可引用这两句，使文章语言显得文雅。但在引用时注意，不要把时间搞错了，这是初夏。如果是盛夏时节，而荷叶已铺满整个的池塘，荷花竞相绽放，那就该引用“接天莲叶无穷碧，映日荷花别样红”这两句诗了。

二是写人记事，即描写人物和叙写事件。因这两句诗表现了生命初发时节的勃勃生机，所以写人时，多用这两句诗比喻人物的才学刚刚显露，在某一领域中初露头角，前途无比远大。写事物时，则用这两句诗比喻新生的事物，因为它刚刚发端，所以有着无限远大的前景。但新事物常常是需要大力扶持的，所以我们写文章时，引用这两句诗可以强调我们对新生事物的热爱之情。

心似蛛丝游碧落

偶无公事客休时，席上谈兵校两棋。
心似蛛丝游碧落，身如蜩甲化枯枝。
湘东一目诚甘死，天下中分尚可持。
谁谓吾徒犹爱日，参横月落不曾知。

黄庭坚《弈棋二首呈任公渐（其一）》

这是一首以下棋为题材的诗。全诗的大意是：偶尔没有公事做客休息的时候，在座席上谈论兵帅较量几盘棋。心就像随风飘荡的蛛丝在天空中游动，身体就像蜩的甲壳一样化作了枯树枝。（棋势）就如湘东王的一只眼一样确乎是山穷水尽，然而平分天下的局面还可以维持。谁说我们特别珍爱时间，星沉月落都不曾知道。

“心似蛛丝游碧落，身如蜩甲化枯枝”，这两句诗堪称名言警句。“心似蛛丝游碧落”这一句从日常生活中常见的现象取材。“蛛丝”是蜘蛛结的丝网，极细极绵，扯也扯不断，“碧落”指广阔的天空。下棋时的心就像天空中随风飘荡的蛛网，把弈棋者的处心积虑、神机妙算极逼真地刻画出来，想象奇特，比喻贴切，令人叫绝。我们知道，人在下棋时每一位弈棋者都小心翼翼，每走一着，如履薄冰，棋局是瞬息万变的，往往一着不慎，满盘皆输，所以双方都全神贯注，冥思苦想。“身如蜩甲化枯枝”，出自《庄子》，说的是佝偻丈人捕蜩的故事。丈人一心要捕到蜩，心神专一，竟然把身体当作枯树干，把手臂当作树枝。诗人用此典故，比喻双方全都进入到忘我的境界，眼中脑中只有棋，没有别的。这两句诗把弈棋者聚精会神的神态和忘我的境界刻画得十分逼真。

这两句诗不只表现在弈棋时，凡是我们在作文中要表现一种物我归一、完全沉浸在某事之中的情形时，都可以引这两句诗，比如可用于作家写到痴迷时的情态，如科学家搞科研、做实验时的专心致志，人们专注于某事时的思维状态，等等。

但愿清秋长夏日

不烧铅汞不逃禅，不爱乌纱不要钱。
但愿清秋长夏日，江湖常放米家船。

郑燮《燕京杂诗》

作者郑燮，字克柔，号板桥，清代江苏兴化人。其书画诗皆著名。为画擅写竹兰，是“扬州八怪”之一。这首诗抒发作者人生志趣。“不烧铅汞”即不学道士去炼丹，“不逃禅”即不学和尚逃避人世去参禅念经，“不爱乌纱”即不喜欢做官，“不要钱”即不喜欢经商。那么，他最喜欢什么样的生活呢？做一个米氏父子那样的画家，夏秋之日，放舟于江湖，观山游水，书画自娱。

米芾与其子米友仁都是宋代著名书画家，作画尤长于山水，极有开创性。画史上称之为“米家山”“米氏云山”。明代大画家董其昌评价说：“米家山，谓之士大夫画”，“画至二米，古今之变，天下之能事毕矣”。“米家船”，指米芾常乘舟载书画游览江湖，后常以“米家船”借指米氏的书画。金人元好问：“小景风流二百年，典刑来自米家船。”郑板桥借以表达自己志愿于自然的审美的艺术的生活。

这首诗所表达的人生态度是他一贯的人生态度。他是“康熙秀才，雍正举人，乾隆进士”，那样的时代作为汉人知识分子在官场上是难有作为的，所以在山东做了十几年知县便做不下去了，索性辞官回扬州卖画为生。辞官时，他写了一首告别诗《予告归里，画竹别潍县绅士民》：“乌纱掷去不为官，囊橐萧萧两袖寒。写取一枝清瘦竹，秋风江上作渔竿。”因而这类诗，既表明他自己的人生志趣，也包含着他对现实政治的批判之意。这两首诗作为为人廉正、不贪权贪财、处身清高的艺术概括，是我们写作中可能引用的材料。因为它仍然有现实意义，可以激发我们对社会人生的联想及认识。

江山代有才人出

李杜文章万口传，至今已觉不新鲜。

江山代有才人出，各领风骚数百年。

赵翼《论诗绝句二首（其一）》

这首诗大气磅礴，写出了诗人的雄心壮志。中国文化中最耀眼的是诗歌，中国诗的黄金时代在唐朝，唐朝诗歌巅峰在盛唐，盛唐的巅峰诗人是李白、杜甫，可见李杜在中国文化史、诗史上的地位，如星辰，如泰山，是千古诗人。因而后人论诗、学诗，李杜就是不可企及的典范了，以致走向极端，李杜在许多人的手中成了否定后代诗歌的成就、轻视后代诗人的工具了。这样对诗歌的创新、新诗人的成长是有害的。李杜有李杜的价值、地位，但他们不能包打天下百代，他们只是那个特定时代的创造者，反映的是那个时代的社会生活、审美经验，而后世的社会生活、审美经验改变了，发展了，要有新的诗人、新的诗篇来反映，来赞颂。所以，长江后浪推前浪，一代新人换旧人，是历史的必然，对此，世人应欢欣鼓舞才是。正确的态度是不薄古人爱今人。而任何时代的作家，都要有雄心大志，在创作上要开拓新境界，攀登新高峰，在创造上要不让古人，敢为天下先，敢于开风气，敢于承担大任。只要能写出古人所未曾写，唱出古人所未曾吟的诗歌，面对古人则可毫无愧色，说说大话也是可以的。

“江山代有才人出，各领风骚数百年”，这两句诗在作文中可以用在其他方面，未必都说的是诗文之事。可用于概括人事方面的新旧交替的规律，还可以作为抒发个人敢于开时代风气，有志于超越前人的雄心。

讽世嫉俗
KEWAI YUWEN
YINGYONG XILIE

相鼠有皮，人而无仪

相鼠有皮，人而无仪。
人而无仪，不死何为？
相鼠有齿，人而无止。
人而无止，不死何俟？
相鼠有体，人而无礼。
人而无礼，胡不遄死？

《诗经·鄘风·相鼠》

你看那老鼠还有皮，一个人却没有容仪。为人而无容仪，不去死还干什么呢？你看那老鼠也有牙，有的人却不懂礼法。为人而不懂礼法，不去死还等什么呀？你看那老鼠还有肢体，有的人却不知礼。为人而不知礼，为何不快点儿死呢？

此诗以人见人厌的老鼠作比兴，表达作者对无礼之人的憎恶。古人讲仁义礼智，礼是道德情操的外在表现，有德者必知礼，非礼则无德，无德就不是人，所以礼法、礼节、礼貌是社会文明的重要标志，不是什么单纯的形式问题。几千年来，中国创造了丰富的礼仪文化，既是典章制度，是风俗习尚，也是情感理念，实践在社会人际关系的各方面。从人伦关系说，君臣、父子、师生、夫妻、兄弟、朋友之间都讲究一定的礼法；从人天关系说，对天地神鬼也有一套相应的礼数；从功利效果来看，也需要相应的礼节，生意往来、求人相助、邦国交通也都尚礼重仪……总之，只要有人际交往，就需要礼。

中国人一年四时八节、公私场面、婚丧嫁娶、动土出行、寿诞开业、出征凯旋、送往迎来、升迁如愿等，都少不得礼仪。礼仪之用，对他人则是别上下、长幼、亲疏，用以待人接物，无礼不成秩序，无礼不成场面，讲究敬与诚、谦与让；对自身，用以律己，容貌服饰、言谈举止、起居进退、喜怒哀乐、群居独处都要求适当得体，不欠不过，令人好感起敬，无礼则失人格，要讲究自尊。礼的根源，在于人对人有敬畏之心、关爱之情、感谢之忱，有了这种真诚而浓厚的情感和理念，才用一定的形式表现出来，这就是礼。周代最尚礼，继往开来，也空前绝后。到了孔夫子的时代就已经难以为继，世风日下了，《论语》中有许多对“礼崩乐坏”的痛惜之辞。《相鼠》这首诗反映了当时人们对无礼之徒的痛恨之情，那种既没有容仪，放荡粗鄙，也不讲人伦礼法，心无敬畏恭谦，又不知礼仪规章做派的无礼之徒，人们视为恶棍，咒其速死，几乎不共戴天。——这在现代人看来也许过分。的确，现代的国人已不再讲究祖先的礼法、礼貌、礼仪了，认为那是虚伪无用以至有害的，代之而流行的是实实在在的“送礼”——行贿拉关系，人际交往相处之状简单而粗鄙，非礼无耻之人、之言、之行人们习以为常，不以为非。天地君亲师的牌位都打倒踏碎了，忠孝诚敬畏谦谢之情也都泯灭了，无所顾忌约束，剩下的就是是非善恶曲直美丑荣耻不分，贪财、好色、贿赂、抢劫、偷盗、拐骗、贩毒、卖淫、以强凌弱、认贼作父、有奶即娘、追星迷月、骄奢虚荣……总之是人欲横流，斯文扫地。因此，读这首诗应引发我们对如何做人的思考，人不如鼠就太可悲了。“衣冠禽兽”而又不如禽兽，就是这个意思。

但伤知音稀

西北有高楼，上与浮云齐。
交疏结绮窗，阿阁三重阶。
上有弦歌声，音响一何悲！
谁能为此曲，无乃杞梁妻！
清商随风发，中曲正徘徊。
一弹再三叹，慷慨有余哀。
不惜歌者苦，但伤知音稀。
愿为双鸿鹄，奋翅起高飞。

《古诗十九首·西北有高楼》

此诗抒写作者由于听了从远处高楼传来的弦歌而生知音难遇的感伤之情。高楼入云，绮窗飞阁，自非凡庸居所，可望难及。楼上传弦歌，音响传奇悲。有谁能弹唱这样的曲子，莫非是杞梁的妻子又现世了？清商之调随风传散，中曲之律反复重叠。弹奏一段再反复咏叹，其感伤之情意犹未尽。听歌人并不痛惜歌者内心的苦情，但伤悲的是这种内心的苦痛没有知音人。人生得一知音，相伴如鸿鹄，高飞天地间，为愿已足矣。

中国古代乐论认为，音乐之本在于人心感于物，即来源于外界事物的触动。情动于中，故用声来表达，将声排比成韵律，自然之声就成为艺术之音了。故从听音乐可知为奏者之人心人情。当然，这需要听音乐者的修养。《乐记》上说，知声而不知音，如同禽兽；知音而不知乐，就是一般民众；唯有君子知乐。所以，古来就有知音难求的说法。如俞伯牙和钟子期高山流水感知音的传说就是名典。有哀情则有哀音哀乐，若无极悲痛之情断不能有如此的哀音哀乐。诗中说的杞梁，是春秋时齐国大夫，战死于莒，其妻痛哭十日后自杀。《琴曲》有《杞梁妻叹》，认为是杞梁妻所作。诗作者说听高楼传来的弦歌之音，就知道歌者有至哀之痛而不能自已，这引起了听歌人深沉的同情和悲伤。

当然，古人说的知音所指既在于音乐，又超于音乐。闻乐而知音知情者，不仅通音律，懂乐理，知音乐传达之抽象微妙，而且应该是同弹歌者有相同相近的情感经验乃至人生德操志向。音乐本来就是用以言情抒志的，诗歌也一样。所以所谓知音需艺术才能修养相当，人生理想志趣相近乃至人生际遇相类才可称之，这当然可遇不可求。但在普通意义上，知音不限于音乐，泛指在人生志向、思想方式、情感特征等方面的情感应相认同。

“不惜歌者苦，但伤知音稀”，超出了具体的情感体验而有普遍意义，凡怀抱非凡情愫的人，不苟同于世俗的人，执着于人生志向的人，都会对此产生共鸣。

世薄多苏秦

结交在相知，骨肉何必亲。
甘言无忠实，世薄多苏秦。
从风暂靡草，富贵上升天。
不见山巅树，摧杌下为薪。
岂甘井中泥，上出作埃尘。

《乐府古辞·箜篌谣》

诗词大意：知心者可结交，有血缘关系未必就亲近。甜言蜜语并非忠实，世道风气势利，苏秦那样的遭遇常常发生。常见随风倒的草，富贵便得意的人。长在山巅的树，摧落山下即变成柴火。不愿做井中泥，愿上到地面上变成埃尘。

此歌慨叹世风浇薄，人情势利，意在讽世。苏秦是战国时的纵横家，雄才善辩。他往秦国游说，政见未被采用。当他衣衫破烂、形容枯槁、两手空空地回到家中时，家人皆不理睬，“妻不下纴，嫂不为炊，父母不与言”。后苏秦做了宰相，路过家乡，“父母闻之，清宫除道，张乐设饮，郊迎三十里，妻侧目而视，倾耳而听；嫂蛇行匍伏，四拜自跪而谢”。“贫穷则父母不子，富贵则亲戚畏惧”，何况他人？所以，人生在世，岂能自甘贫贱低微？势位富贵，不可不求。然而，这无非是诗人愤世嫉俗之语，作者岂不晓得富贵之后的“亲情友谊”无非趋奉谄媚，又何足珍贵？其间实另有隐衷，无奈中仍要相信世间自有真情在。“结交在相知，骨肉何必亲”，相知相托，不以富贵贫贱为转移的友谊亲情，正是诗人所期待、呼唤的。当然也是千秋万代的人所追求和珍惜的。人性、人情有庸俗、势利等恶的一面，也有仁爱坚贞的一面，正因为后者少、后者难，我们才应珍惜，才应去追求。人需自我完善，社会才能达到理想之域，改变世风，先从自善其身开始。

花飞莫遣随流水

寻得桃源好避秦，桃红又是一年春。
花飞莫遣随流水，怕有渔郎来问津。

谢枋得《庆全庵桃花》

作者谢枋得，南宋末年弋阳（今属江西）人，民族英烈。这首诗以桃花为题写避难隐居之志。寻找到桃源用来躲避秦朝的暴乱，不知世外事，见桃花开了，便知又是一年春天到了。千万不要让落花随流水冲出桃源去，否则外面的打鱼人发现了桃花会沿水路找到这里来。

从字面上说，这首诗复述了陶渊明《桃花源记》的内容。陶记晋代有一渔人误入了与世隔绝的桃花源，那里的人，全是先秦古风古貌。他们的祖先当时为避秦乱隐居到这里。他们既不知世外任何消息，比如秦灭亡楚汉争，汉末有魏蜀吴，三国灭而有晋，他们全然不知，“不知有汉，无论魏晋”，他们自己也不记年记代，自然适性，浑朴无思地生活着，自然不知争斗，不解机巧。“桃花源”一词在后世的使用中就寓含避世隐居之地。“桃花源”也是文人士大夫厌世避世的一个理想代名词。谢枋得生逢宋末元人南侵，南宋岌岌可危，诗人于庆全庵见桃花想到了陶潜的《桃花源记》，作诗以抒发自己忧愤无奈的心情。如果可能，这有桃花的庆全庵就是自己的避难之地吧。实际上，作者并未隐居独善其身。元兵陷南宋都城临安（今杭州）后，他在江西起兵抗元，兵败逃往福建，后被俘不屈，绝食而死。今天的青年人学习这首诗，其中的思想情感与现实生活没有直接的联系，不易发生共鸣，对作文未必有直接的用处，但是我们了解这个典故，知道古人的遭遇、心境，对丰富我们的历史文化知识和情感体验是必要的。作文的提高不是简单的技巧问题，必须有知识、思想、情感的积累，而学习古人诗文词章就是一个最有效的间接来源。

不道人间巧已多

未会牵牛意若何，须邀织女弄金梭。

年年乞与人间巧，不道人间巧已多。

杨璞《七夕》

作者杨璞，北宋新郑人。这是一首借题议论诗，或叫理趣诗。不知道牵牛的用意是什么，每年七月七日晚上，一定邀请织女在天河边操作金梭织锦帛。年年为人间求来织作的技巧，难道不知人间的机巧已经够多了吗?

农历每年七月七日前后，天河两岸的牵牛星和织女星在天空中的位移幅度很大，似在相互运动。民间传说，此夜牵牛星织女星两夫妻在天河鹊桥上相会，织女在那时织锦，意将天上的织作技术传给下界凡女。每年七夕之夜妇女们在庭院中摆下瓜果，结彩线，对着月亮穿七孔针，以示向天上织女乞求织作技巧，这种民俗活动叫作“乞巧”。本诗是借此题材发挥自己的感慨，从字面上看，他是评论牵牛星织女星不该将技巧传给人间，传说织布的技术是织女违犯天规偷偷下凡传给人间的。人间自身机巧已经够多了，不明白天上星宿传授这个是何用意。其暗指人世间尔虞我诈、钩心斗角之事太多，人们将智慧心思都用在损人利己、谋私利获益上了。智慧越高，机巧越多，世间的风气就越坏，人心就越恶。上古时代，民智未开，世风淳朴，人际和睦，人人乐天知命，天下太平。后世民智渐开，人的野心私心也随之膨胀，世间种种罪恶非德之事就层出不穷了。这种思想先秦时代的隐士及道家就说过。本诗作者从对现实的感受中认同了这种思想。但他不愿或不便直接用议论文体说，借诗题发挥出来。诗人观点的正确与否我们不去讨论，但他议论的这种现象确是实情。

从写作上我们应学习的是诗作的“双关”修辞手法。借技艺的巧，影射“心机”的巧。双关手法的作用，使语言含蓄，比附联想，用得恰当就产生了趣味。如果直接说，那就没诗味了。另一点，古人有许多感思不愿直说，或不便直说，他们便借一个题目旁敲侧击，或叫影射，表面的故事、物象不过是个借口，实另有所指。会心者自然不难索解，既免去了直说的麻烦，又增加了表达的趣味。

直把杭州作汴州

山外青山楼外楼，西湖歌舞几时休？
暖风熏得游人醉，直把杭州作汴州。

林升《题临安邸》

作者林升，南宋人。临安，南宋都城，在今杭州市。邸，兼营货栈的粮店。诗题在临安城内一家旅店的墙壁上。近山之外还有青山，高楼之外还有高楼，西湖画舫中歌榭中的轻歌曼舞，什么时候才能罢休呢？春风送暖都将游人吹醉了，现今置身的杭州也变成汴州了。

这是一首政治讽刺诗。金兵破汴京（即今河南开封）俘虏了宋王朝徽宗钦宗父子北去，皇室及朝臣仓皇南逃，在杭州建都城称临安。五十年过去了，南宋朝廷空喊血洗靖康耻，收复北方领土，但整个统治集团腐败无能，根本无心无力驱除金人，光复社稷。他们以偏安为久策，整天歌舞升平，醉生梦死。杭州山清水媚，风景极佳，西湖三面环山，山外重山，湖滨山麓，达官贵人的豪宅及行乐的歌楼舞榭，鳞次栉比。处身西湖间，但闻弦歌阵阵，只见美女翩跹婆娑。那些逐乐的权宦们，被西湖暖洋洋软绵绵的春风吹得忘乎所以了，哪里还想什么故园故都，杭州就是汴州，在这里挺好，或者说比在汴京更舒服。

“暖风熏得游人醉，只把杭州作汴州”，字面上说西湖之春太迷人了，将北来的游人都熏眩晕了，觉得杭州汴州都一样了。但是联系时代背景，这里面包含着深刻的讽刺与失望。语面丽而温，语义长而深。读诗包括其他优秀的文艺作品，我们除了从语言的层面、形象的层面去把握，还应尽可能联系作者所处的时代和写作的动机来理解其作品，这样才较为确切。如果我们毫无历史知识，不能知人论世，就一首诗来读就可能把这首诗仅仅当作描写西湖“山美水美人美楼美歌美，北来游人尽忘归”这样的写风景风情的诗作，那么我们就没有真正读懂这首诗。

历史上不乏偏安苟且的王朝。他们以为偏安能求生，只要不失富贵享乐就好，最后总是被人彻底消灭。东晋是这样，南朝的宋、齐、梁、陈是这样，晚唐五代也是这样，到南宋更是这样。历史有惊人的相似之处，经验教训太值得记取。

一团茅草乱蓬蓬

一团茅草乱蓬蓬，蓦地烧天蓦地空。
争似满炉煨榾柮，慢腾腾地暖烘烘。

无名氏《题壁》

此诗作者应是宋代人，姓名生平不详，诗文题于嵩山极竣法堂墙壁上。诗的内容是咏物寓意。乱蓬蓬的一团茅草，在野外点燃，突然火光冲天又马上燃尽熄灭了。哪里比得上炉膛里煨着的硬木疙瘩，慢腾腾地隐燃慢慢地释放暖热。

诗的表面说的是物理现象。一团乱草蓬松一大堆，看着不少，其实分量轻。在野地里点着，它马上就全部爆燃起来了。一时火光冲天，似乎气势很盛，可转眼间它就燃尽熄灭了。而在炉灶里煨燃的灌木根——木头疙瘩，它不起火苗儿，慢慢隐燃，虽不爆烈，但长时间释热，屋子里总是暖烘烘的。这种现象的原因有两个，一是燃料本身，一是燃烧的方式和场所。蓬草之为柴，又囊又轻，很不耐烧，又放在野外通风的地方点燃，当然一下子就烧光了。燃得快，又热烈，尽得也快，熄得也快。灌木根经数年而成，形似骨节，坚硬而圆滑，不易燃而耐烧，又将它放在灶膛中煨着，不等着用急火，空间狭窄，空气不足当然是燃得慢，能持久释放红热。炉膛中若充满了榾柮，其文火释热可持续几个时辰。

本诗作者描述这种生活经验中的物理现象当然是有喻指的。大概指的是两种人。一种人没有什么实在本事德行，靠一定的势力机遇一时发达起来，热得快，红得快，但不能持久，很快就悄无声息了。另一种人有实力，善于藏拙，慢慢图长进，虽无一时轰动之效，但日有所进，持之以恒，年深日久，定有成就。对社会来说，当然是后一种人价值高，作用大。对个人来说，当然前一种人是不成功的，后一种人是成功的。此道理虽然简朴，但发人深省。

学习此诗，除了在思想上有所认同之外，还有一点，就是善于观察生活经验中的各种有趣现象，发现其内外联系，做生活的有心人。并进而将自然现象与人生问题联系起来思考，从中悟出一点儿道理，不断丰富我们的人生体验，提高我们运用知识的能力，乃至提高我们的人生境界。

车尘不到张罗地

小雨丝丝欲网春，落花狼藉近黄昏。

车尘不到张罗地，宿鸟声中自掩门。

李弥逊《春日即事》

作者李弥逊，南宋人。这首诗描写春景言心事。春日细雨之丝似网丝，漫天而下，仿佛要把这春色罩住，不让它溜走。落英满地的黄昏时节，居处门前冷落，无车马过访，可以设网捕雀。在宿鸟归巢的鸣叫声中，自己关上庭门。

这首诗写春日傍晚的寂寞情怀，实有人生感触在心中。李弥逊因为反对秦桧对金人的妥协求和主张，力主抗金，被贬斥归田，隐居福建连江的山中。这首诗即是那时所作。小雨如丝漫天而下，落花满地黄昏时，最容易使人生伤感寂寞之情。如今隐居僻地，无人来往，回想在朝时的熙攘情景，顿生门可罗雀、不胜今昔之感。

分析这首诗有这样几个特点。其一，擅用比拟。第一句“小雨丝丝欲网春”，这漫天连绵的细雨如何描写呢？大概小雨也如人一样惜春，撒下漫天大网不让春跑掉吧。这比拟合乎事物的形象特点，又表达了人情，所以是成功的。其二，以景物描写衬托人情。通篇无抒情语，写的只是景象、景色，诗人所见所做。但诗人内心惜春伤怀，不甘寂寞，意有所为之情隐然可感。前两句写景色引发人的惜春之情，感时感物伤生是诗词的惯例，什么景寓什么情，因而诗人借景寓情，诵诗者因景见情。三、四两句为议论加描写，具体地透露出诗人的心声。诵完全诗，诗人心情大体可以感知确定。其三，用典喻志。诗中使用了“门可罗雀”的典故。《史记·汲郑列传》上说有位翟公，他得势的时候，家中送往迎来，十分热闹。失势以后，就没有人来访了，门前冷冷清清，即使张网捕雀也可以不受干扰了。此诗中说，“车尘不到张罗地”即指自己被贬归山野田园后，没有同僚车马相访。一句诗，就把诗人心中话表达出来了。古人作诗作文多用典故就有这个好处，但前提是运用得恰当。现代人作文必要时也可以使用典故，这首诗就值得我们揣摩一番。

曾与吴王扫落花

夜暗归云绕柁牙，江涵星影鹭眠沙。

行人怅望苏台柳，曾与吴王扫落花。

姜夔《姑苏怀古》

作者姜夔，南宋饶州鄱阳（今江西鄱阳）人，著名词曲作家。这首诗抒写夜晚泛舟姑苏所见所感。无月的夜晚，低垂的云幕似从远方归来绕在桅杆旁，俯视水中但见星空投影，一片璀璨，岸边沙滩有白鹭卧眠。行人于舟中举目远望，姑苏台上的垂柳依稀可见，它那长长柔柔的枝条曾经为吴王扫过落花。

这首诗借星夜泛舟所见，寄托怀古鉴今之情思。姑苏今称苏州，是水乡，交通以舟为车，诗人夜间行游必乘舟。诗中所描写的即诗人当时所见到的景物景象，船边的归云也好，澄清的江水也好，灿烂的星空也好，沙滩的鹭鸟也好，高台上的垂柳也好，它们本是互不相干、无情无为的东西，但它们年年相似，天长地久，江山永恒。而诗人所怀的古，距当时已有一千六七百年了。姑苏是春秋时吴国的都城，苏台即姑苏台，是吴王夫差所建的离宫台榭，故址位于苏州城西南的灵岩山上，在上面可以远眺太湖烟波，视野极开阔，是夫差纵欲行乐之所。传说越美女西施就是住在姑苏台上取幸于吴王的。往事越千年，盛极一时的吴王只留下一处苏台遗址尚可供人凭吊，可谓人世代谢，变化无常。这是就其一般而言，具体说来吴王夫差为春秋霸主，南灭越国，北逼齐鲁，似乎不可一世，但后来骄纵失智，疏贤良，信佞臣，且劳民伤财筑宫室，逞奢华，沉湎酒色，终被越国乘虚而入，夫差身亡国灭。这是历史的教训，所谓怀古之用心。诗人所处的今世，其国情与吴国不无相似。宋王室偏安东南，北有强敌金国时时伺机渡江南下，另半壁江山也危在旦夕，而朝廷却不图谋国家大计，只顾及时行乐，权臣豪门终日纵情于山水歌舞之中。或早或迟，这亡国的结局是不可避免的了。

“行人怅望苏台柳，曾与吴王扫落花”，这影射之意相当含蓄，几乎不露痕迹。拟人的想象也相当美妙。柳树也是无情物，岂肯为人扫落花。唐人韦庄有诗句“无情最是台城柳，依旧烟笼十里堤”，也是怀古之作，姜夔此诗反其意而用之，但实际思路是相似的，垂柳作为自然事物是人事变化的见证者，所谓物是而人非。这种幻想虽无理而有情（本来柳树也活不了一千年的，今日之柳也非当时之柳了），这就是诗。这两句诗在作文中用于观览古迹时抒怀，在游记散文中可用。它的含意既有历史沧桑，也有历史教训，当我们因游历古迹而生历史意识、历史感慨的时候，这两句诗可以激发我们的想象力，连贯文思，深化游记的主题。我们今人见古迹而追思古人的境遇，又由诗句启发想到历史上曾有人对它有过什么样的感怀评价，这样，历史长河中古人近人今人就连接上了。古代人事已经消失了，但历史经验、历史精神却被延续下来了。诗歌在这里起着特殊的作用。

疏篱不与花为护

柳子祠前春已残，新晴特地却春寒。
疏篱不与花为护，只为蛛丝作网竿。

杨万里《过百家渡四绝句（其三）》

百家渡在今湖南永州市城西潇水西岸。永州市古称零陵，作此诗时，作者任零陵县丞。晚春时节出城过百家渡，写了四首绝句记观感。这里引出的是第三首，记游柳子祠观感。柳子祠即柳宗元祠堂。柳宗元是唐顺宗时王叔文“永贞革新”派核心人物，革新失败，王叔文被杀，集团内柳宗元、刘禹锡等八人被贬为远州司马。柳宗元被贬到永州为司马，司马是州衙定员以外的闲官，没有实际职权，在永州谪居整整十年。在他离开永州后，当地百姓就筹建了柳子祠。永州在唐代是荒僻之地，多水泽，蛇虫横行，人烟稀少，令人生畏。杨万里是南宋官吏文人，过柳宗元祠庙当然会有许多感慨，凭吊古人，感伤今世。但这首诗中一句也没说，只是写了祠堂外面所见景物及对景物的议论。时值残春，祠堂前花已零落，天气虽然是新晴的，却让人觉得春寒。篱笆本来是用来护花的，现在却成了蜘蛛拉丝织网的挂竿。

其实，作者这样写是有意要避俗。柳宗元这样的一代文宗，可凭吊可追思之处甚多，直接写什么都难免与世人雷同。所以作者干脆不直接涉及祠堂神主一言一事，只写别人不注意的小景象、小玩意儿。可是诗人的感怀还是隐隐约约流露了一点儿，否则祠前春残之季节为何会感到春寒呢？尤其是后两句诗“疏篱不与花为护，只为蛛丝作网竿”，描写中加议论，明处是写诗人观察事物感悟到了情趣，暗处不免使人联想到柳宗元这位有政治抱负、政治才干又有文才诗才的名人，为改革朝政弊失而获罪远谪，无可作为，忧郁难平的遭遇。这的确是诗人的高明之处，意在言外。

“疏篱不与花为护，只为蛛丝作网竿”，离开本诗的整体意蕴，也具有独立的意义。它表达的是物不得其用，意图和效果相悖谬等意思。如果我们想到一个有特定才干学识的人，而没有机会发挥自己的才干特长，他所从事的是他所不擅长的工作时就可以使用这两句诗。或者一个人不做他的本职工作，去做他不该做的事，也可用这两句诗表达。还有，一件东西，主人本想是做这个用的，没想到却被别人做另外的事情使用了，这种情况下用这两句诗来表达，也是恰当的。只要我们弄清楚了它的理趣，就可以因具体情况灵活地在行文中使用。

满眼落花多少意

春城儿女纵春游，醉倚层台笑上楼。
满眼落花多少意，若何无个解春愁。

王令《春游》

王令，字逢原，广陵（今江苏扬州）人。以教书为生，擅长诗文。这首诗的大意是：春城的青年男女纵情于春游，喝醉了倚靠着亭台欢笑地跑上楼，满眼里的落花勾起了多少情思，为什么没有一个人能理解我此时的愁绪呢?

“满眼落花多少意，若何无个解春愁”这两句诗，是抒发孤独、落寞、感伤之情的佳句。我们写文章时引用这两句诗，要考虑到全诗的喜与悲、热闹与孤寂的对比，从这个意义上我们运用这两句诗，来感叹“世人皆醉我独醒”、知音难觅、自己不为别人所理解之类的境遇，是比较恰切的。大千世界的一切都是在不断变化的，任何事物有盛就有衰，有成功就有失败，正如花开就有花谢，春去就有冬来，好与坏都是相辅相成的。当人们都沉浸在成功的欢乐之中时，没有人会去理会失败的阴影，此时如果有人具有一种超前的意识，预见到前进的途中还会有许多艰险，就会有“满眼落花多少意，若何无个解春愁”这样的慨叹。这种人肯定是茕茕孑立，无人能理解的。就像伟大的爱国主义诗人屈原，宁肯遗世独立，也不与奸佞之人同流合污，不随波逐流，保持自己的节操，从而流芳千古。

这两句诗在引用时，一定要注意它的内在含意，即不能忽略我们前面所述的前瞻性的特质。如果单是说愁而引用它，就不免用得简单并违背了全诗上下文的意思，有一种“少年不识愁滋味，为赋新词强说愁”的味道。所以我们在引用这两句诗时，应联系诗的前后文，不能断章取义，片面理解。

遍身罗绮者，不是养蚕人

昨日入城市，归来泪满巾。

遍身罗绮者，不是养蚕人！

张俞《蚕妇》

张俞，字少愚，益州郫县（今属四川省）人，北宋著名的隐士，多次考进士都未得中，隐居于四川青城山。这首诗用蚕妇自叙的口吻，倾诉了农村养蚕妇进城赶集卖丝的感触和悲愤。诗的大意是：昨天一个养蚕的妇女进城赶集市，回来后泪水浸湿了手巾。那些全身穿着绫罗绸缎的人，都不是养蚕的人啊！

“遍身罗绮者，不是养蚕人”这两句诗用对比的手法，刻画出了一种贫富不均、不劳而获的不公平的社会现象，它千古流传下来，已被赋予了极深的社会意义。这两句老幼皆知的名句已成为不劳而获的代名词了。我们作文时可引用这两句诗，抨击那种贫富不均、为富不仁、不劳而获的不合理的社会现象。具体地说，在议论说理的文章中，我们引用这两句诗，运用直描或反讽的方法，观点明确，立场坚定，即以一种正义的感情，站在与批评对象完全对立的立场上直接批评，能产生一种独特的效果。

“遍身罗绮者，不是养蚕人”，这种社会现象在封建社会和资本主义社会都是一种极普遍的现象，反映了剥削阶级对劳动人民的残酷剥削。在我们当今的社会中，对于那些贪官污吏，也可以用这两句诗来加以讽刺。在任何社会里，都应该是按劳分配，不劳动者不得食，这是一条社会的法则。但并不是说，要想穿绸缎都得去养蚕，要想吃饭都得去种地。由于社会分工的不同，人们所从事的工作是有差异的。不管怎么说，只要你用自己的劳动创造了社会价值，你就不是作者所说的“遍身罗绮者，不是养蚕人”，不是寄生虫。

一朝被谗言，二桃杀三士

步出齐城门，遥望荡阴里。
里中有三坟，累累正相似。
问是谁家墓？田疆古冶子。
力能排南山，文能绝地纪。
一朝被谗言，二桃杀三士。
谁能为此谋，国相齐晏子！

诸葛亮《梁父吟》

作者诸葛亮，三国琅邪阳都（今山东沂南）人，蜀汉丞相。“梁父吟”是乐府古题，史书记载，诸葛亮未出仕时，“好为梁父吟”，传至现在的仅此一篇。题材是咏怀古遗。在古齐国都城临淄城的东门外，有一个叫荡阴里的地方。里中有三座坟丘，每一座都一样。它们是谁家的坟呢？是公孙接、田开疆、古冶子。这三人力可排山，才能绝地。然而一旦被谗言中伤，“二桃杀三士”。谁是这个阴谋的策划人？是齐相国晏子。

这首诗吟咏的是春秋时齐国的故事。《晏子春秋》上记载公孙接、田开疆、古冶子臣事齐景公，三人勇力都可搏虎。齐相晏婴见到他们就小步急行而过，所谓“过而趋”，表示礼敬。但这三人坐而不起，并不还礼示意。晏子便进言景公，说他们倨傲无礼。后设计让景公赠给他们两个桃子，叫三人论功食桃。

结果陷三勇士于伦理困境：不受桃吧，说明你勇力不够格，不是最勇武的人；受桃吧，士多而桃寡，必有一人得不到桃，得不到者必劣于他人，于勇士乃奇耻大辱。三人勇力不分高下，谁主动取桃必负贪心之名。所以左右为难，陷于武士的伦理困境而不能自拔，于是都弃桃而自杀。这个故事的历史真实性已难定论，既然有三人的坟在，我们宁可信其真。但故事本身，颇耐人寻味。武士、壮士、勇士，称呼不同，所指皆为侠客，他们是当时诸侯国招募倚重的人才，给予很高的礼遇。他们勇力超群，胆魄盖世，舍生忘死，极重言诺名节。但他们往往恃才恃功自傲，管你是王侯将相，都可能不入他的眼。晏子贵为相国，位极人臣，首先表示了对他们的礼敬，但他们不还之以礼，这当然是过失。但既然他们是人才，宰相肚里能撑船，应该宽容他们才是，至多找机会教训他们一下也就是了，干吗出这样阴毒的计谋必欲置之死地而后快呢？这里面齐景公是什么态度呢？没有说，只是送桃的使者复命说三人都死了，命以士礼葬之。三位勇士当时已识破了晏子的用心，但还是按晏子预计的那样自杀了，侠客的至高无上的伦理信仰、人生原则，的确是颇费我们理智凡俗之人思量的。

“一朝被谗言，二桃杀三士”，虽极可能是虚构的故事，但它通过艺术想象反映了中国历史上德才之士的悲剧命运。才能之士必为掌权柄者所用，权力需要人才为他们效力，但又惧怕人才对他们构成威胁，才高功大不好驾驭，于是一方面纳才、“爱惜”人才，另一方面压制人才、毁灭人才。到底何时采取哪种策略，完全取决于当政者的利益需要。说穿了，历代的人才无不被君王当作使用工具，要用、要废、要杀是很随意的事。

这种情况当然是由专制制度造成的，不从制度上解决权力与人才的关系，类似的悲剧就会反复上演。本诗作者诸葛亮当时隐居南阳，怀旷世之才而不求闻达于诸侯的原因之一，就是怕遇到齐景公、晏子这样的君主家宰。

这是一个很好的议论文题目，可针对历史及现实中的有关问题展开丰富的议论。作论据也可以。

看你横行得几时

可笑严介溪，金银如山积，刀锯信手施。
尝将冷眼观螃蟹，看你横行得几时。

《京师人为严嵩语》

严嵩，字介溪，明朝大权臣。史传上说他没有什么才略，唯有一意媚上，窃权网利，把握朝政近二十年，与他的儿子严世藩、义子赵文华，广结党羽，操纵朝政。朝中正直之士侧目屏息，敢怒而不敢言。势利之徒奔走其门，行贿投靠者甚多。为专权，他极力打击政敌，杀害首辅夏言、陕西三边军务总督曾铣。此外，他还贪墨军饷，卖官纳贿。晚年遭弹劾，被削籍抄家，儿子世蕃及其党羽伏法。两年后他老病无依，寄食墓舍而死。这样一个祸国殃民的权奸，在他得势的时候，朝野人士都不敢得罪他。但正如鲁迅所说，不能立即对所有人进行生杀予夺的人，是免不了遭人笑骂的。权势暴力阴谋征服不了世人的心，也封不住世人的口，当面不敢说，私下见真言。所以历朝都不乏对当政不仁者的讽刺文艺。不知从何人口出，是何人手笔，不借任何媒体，却不胫而走，家喻户晓，叫任何权势者都无可奈何。可谓公道自在人心，乌云遮不住太阳。

“尝将冷眼观螃蟹，看你横行得几时”，这两句诗富有情趣理趣，是中国人诗思智慧的创造。螃蟹壳坚螯利，侧向横行，有似人“铁甲长戈，横行霸道”，但终归是外强中干，不免秋后成为人们的下酒菜。而人中的横行不法之徒，虽猖狂一时，也终难逃天理人道的惩罚。历史上依权仗势、横行不法、为非作歹的人，大多没有好下场。明朝的严嵩是这样，同朝宦官恶棍刘瑾、魏忠贤，清朝的和珅等都是这类典型人物。这两句诗表达了正直之士、善良民众对恶势力的暂时无奈，心中痛恨，坚信天网恢恢，恶必有报的复杂心情，也含有心理上对恶势力蔑视之意。这两句诗可以用在实事评论中，比方说当今世界上依仗军事经济实力的大国在世界各地横行霸道，大多数国家敢怒而不敢言，就可以在评论中用这两句诗。也可用于现实生活中，对贪腐官员、不法之徒的评论。

只有江山移不去

来时萧索去时丰，官帑民财一扫空。

只有江山移不去，临行写入画图中。

明代《民歌》

这首诗出自明代冯梦龙纂集的《广笑府》卷二《贪墨》。原文说："一仕宦贪墨甚，及其卸任，仓库为之一空。民作德政云……"诗意说得十分清楚明白，这个官刚上任来时囊橐空空两袖寒，可是卸任回去时马驮车载丰厚而归。被他搜刮去的既有公家的银子也有民脂民膏，能拿的全被他一扫而空了。就是他曾"治理"的山川土地没有办法搬走，但他也有办法，把这山川画成画也卷走了。不明真相的人还以为他是热爱留恋这方土地呢。

贪官污吏是历代王朝都治不了的疑难杂症。历史上的大贪中贪小贪不计其数，有时治理得严了就好一些，但不能根除。朱元璋对贪官惩处最狠，甚至将贪官剥了皮，蒙在稻草人外面，将这人皮的草人儿就放置在这贪官曾经办公的公堂上，下一任官继任在堂上办公必须时刻面对这人皮草人儿，的确令人胆寒心惊。这"严打、反贪"取得了一时成效，不过这办法不能持久，封建皇帝得靠上上下下大大小小的官吏给他办事，都惩治了，皇帝老儿也没办法享乐。古人读书十年寒窗，为的就是考个功名，终身富贵。但官家的俸禄是有定额的，不够用怎么办，就得想法子贪污搜刮。如果你的欲望很大，还想把官做大点儿，那就得上下打点，花钱活动，疏通关节，这银子从哪儿来？不言而喻。这是就一般情况而言，有的时候，朝廷财政紧张，会公开卖官儿，有钱人花钱捐官，用当今的经济术语叫"投资"。他一旦上任，岂能不变本加厉地贪污搜刮？为官一任不是造福一方，而是贻害一方。老百姓没有别的办法，就编写顺口溜之类来私下表示他们的憎恨之情。其中有的是有一定诗才的人参与"创作"，就写得富有艺术性，如这首诗歌就生动形象、构思巧妙，有点夸张虚构的成分，但将贪官的神韵勾画出来了。写文章如果引用这首诗，那一定是写揭露现实中的贪官污吏的。现实中买官、卖官、跑官的事儿时有发生，贪墨公款民款的手段名堂也更高明，贪官的胆子和胃口也越来越大。为官一任也好，为官一世也好，都得捞个够。当然，解决这个问题总是得靠制度改革，靠几句诗是吓不住那些人的。

爱国忧民

知我者谓我心忧

知我者谓我心忧，
不知我者谓我何求。

《诗经·王风·黍离》

这两句诗出自《诗经·王风》，篇名曰《黍离》。全诗三章，词句迭叠往复，一唱三叹，意犹不尽。第一章的全文是：

彼黍离离，彼稷之苗。
行迈靡靡，中心摇摇。
知我者谓我心忧，
不知我者谓我何求。
悠悠苍天，此何人哉？

大意是：那黍子一垄垄一行行，是谷类的苗啊。我走啊走，踟蹰徘徊，心里空空没着没落啊。了解我的知道我是心中忧愁，不了解我的还以为我有什么要求。老天爷在上，为什么叫我这个样子呢？

从文面上看，全诗是流浪者的哀歌，他春天看见黍苗，夏末看见黍秀，秋初看见黍秀结实，不停地在走，“行行重行行”，但心中的忧愁并未消失，无以摆脱。后来诗人解释说，这首诗是周王室东迁洛邑后，周大夫行役回到故都，见到故宫的墟址上长出了黍稷，不胜伤悼，遂作此诗以抒哀思。且不管诗的题旨如何，千百年来，打动人心的还是这两句，“知我者谓我心忧，不知我者谓我何求”。

抒情主人公心忧的内容已不可知，但我们可推测的是，这是一种深广的忧思，它不是关于个人衣食，也不是关于当前私利得失的，否则就不会说“不知我者谓我何求”。

我们和这两句诗发生共鸣的时候，往往是忧患人生有限的时候，或是忧患国家、民族命运前途的时候，或是忧患历史文化失落的时候，或是忧患人类环境恶化的时候，或是忧患人心不古、世风日下的时候……并且，这种忧患是有较高抱负的人，有较深刻思想的人，在超越了一己私利之后才可能有的情怀。还有，这种忧思往往不为周围一般的人所理解，难以找到志同道合者，不免有几分孤独悲凉意味。如果能够体会历史上仁人志士这种情怀，在相似的境况下我们也能产生这类情怀，做文章时自然就会唤起这些诗句了。

不稼不穑

不稼不穑，

胡取禾三百廛兮？

《诗经·魏风·伐檀》

这两句诗取自《诗经·魏风》，篇名《伐檀》。这是一首较突出地反映人民对统治者不劳而获的憎恨的诗。诗作直抒胸臆，义愤不平之情溢于言表。全诗共三章，第一章原文是：

坎坎伐檀兮，
置之河之干兮，
河水清且涟猗。
不稼不穑，
胡取禾三百廛兮？
不狩不猎，
胡瞻尔庭有县貆兮？
彼君子兮，不素餐兮！

诗文大意是："坎坎"地砍那檀树啊，把它放在河边上。河水清清泛着波纹。不耕种又不收割的人，为何拿走千百捆的庄稼？既不狩又不猎的人，你家的院子里为何挂着猪獾呢？那纯正的君子们，是不会这么吃白饭的。

孔子说，民不患寡而患不均，老百姓不怕穷但恨不能均贫富。还应补充一句，老百姓最恨的还是不公。贫富是不可避免的社会现象，有其合理性，均贫富不能有益于社会进步。我们现在社会允许或提倡让一部分人先富起来就是基于对社会发展规律的认识以及总结"均贫富"——人人穷——的教训而提出来的一项政策。但问题是：富人是如何富起来的？如果是靠勤劳、智慧、不损人利己进而对社会有所贡献而致富，那是合理合法的，别人只能羡慕并愿意效仿而不忌恨。如果是靠权力，靠坑蒙拐骗、损人利己、损公肥私而致富就会让人憎恨气愤。《伐檀》一诗所揭露的就是官吏们利用权势不劳而获，剥削人民而自肥的实况。这种不劳而获的现象历代都有，许多官吏利用权力肥私，许多奸商靠行贿违法获利，普通民众也都想……但我们千万不要以为普遍的就是合理的，流行的就是值得仿效的。真理、正义、公道是永远不会过时的东西，社会真正的稳定发展，社会大多数成员的利益赖此得以保障。历史上许许多多贪官污吏的可耻下场，连绵不断的官逼民反，现今许多腐败的官吏被揭露、惩处都说明了这一点。

“不稼不穑，胡取禾三百廛兮”是一篇很好的议论文题，它含有重要的道理，便于联系现实，还可引据历史，并且能引发我们对自己人生观、价值观的思考。另外，从写作特点上说，这种“不……不……，胡……兮？”的句式，既形象率直，又铿锵有力，几乎不容辩驳，读之听之使人感觉到一种强大的逻辑力量，而语言的意义就是正义的力量。这也是我们应该学习的。

风雨如晦

风雨凄凄，鸡鸣喈喈。
既见君子，云胡不夷？
风雨潇潇，鸡鸣胶胶。
既见君子，云胡不瘳？

风雨如晦，鸡鸣不已。

既见君子，云胡不喜？

《诗经·郑风·风雨》

这首诗的内容是：在一个风雨交加的日子，一个女子害相思，心境很是无聊苦闷，万没想到，她的意中人突然来临，令她欣喜过望，欢愉之情胜于言表。

全诗三章，词句大意是：风雨凄凄，雄鸡长啼。我已经见到了他，还有什么不如意？风雨潇潇，雄鸡还在叫。我已经见到了他，还有什么病不好？风雨天色多昏暗，喔喔鸡鸣叫不断。我已经见到了他，叫我如何不喜欢？

“风雨如晦，鸡鸣不已”，这两句诗在后世的流传中，其本意被引申，增加了社会寓意。“风雨如晦”，不是指自然的天气状况，而是暗指处在险恶的政治环境、人生环境中的仁人志士，坚守气节情操，矢志不移。唐代李德裕《唐故左神策军护军中尉刘公神道碑铭》：“遇物而泾渭自分，立诚而风雨如晦。”近代梁启超《论中国学术思想变迁之大势》有言道：“至其末造，朝政昏浊，国是日非，而党锢之流，独行之辈，依仁蹈义，舍命不渝。风雨如晦，鸡鸣不已。让爵让产，史不绝书。”另外，“风雨如晦”也直接指喻社会昏乱、内忧外患、国家多事。郭沫若《星空·归来》：“在这风雨如晦之晨，游子归来了。”

使用这两句诗，一定要有忧国忧民之意、伤世伤生之情才可。这种心境对现代青少年已较陌生，不过一个热爱祖国历史文化的人，通过对先人留下的诗词文章、史传尺牍、戏曲小说等的阅读，我们对那样的社会、那样的人生也会有同情和了解，对古人的情志也能旷世相感。何况“风雨如晦”的日子离开中国人还不到三十年，谁也不能保证以后不会再来。

与子同袍

岂曰无衣？与子同袍。
王于兴师，修我戈矛。
与子同仇。
岂曰无衣？与子同泽。
王于兴师，修我矛戟。
与子偕作。
岂曰无衣？与子同裳。
王于兴师，修我甲兵。
与子偕行。

《诗经·秦风·无衣》

这是一首抒发军士友爱之情和激昂气概的军歌。全诗共三章，三章歌词内容相近，说战友之间甘苦与共，并肩偕行，同仇敌忾。第一章大意是：谁说没有征衣，我和你共穿一件战袍。王要兴兵打仗，咱就将戈矛修磨好。咱们同仇敌忾。

古来争战不休，男丁大都被迫从征，士卒们往往厌倦战争。因为从征就要背井离乡，于父母无法尽孝，于妻室不能相守，于儿女无从抚养，而且征途遥遥，征期无定，千里万里，十年八载，生死难料，所以周秦汉唐以下，历朝历代写征夫哀怨的诗篇比比皆是。“车辚辚，马萧萧，行人弓箭各在腰。爷娘妻子走相送，尘埃不见咸阳桥。牵衣顿足拦道哭，哭声直上干云霄。”“醉卧沙场君莫笑，古来征战几人回？”“人不寐，将军白发征夫泪。”……像本诗这样昂扬慷慨的军歌确乎不多。士卒友爱互助，胜过亲兄弟，且勇往直前，怀有必胜之信念，英勇杀敌，以战斗甚或牺牲为光荣——其原因是由战争的正义性决定的，士卒的这种豪迈情怀恐怕与保家卫国、抵御外侮的觉悟有关系。由此，我们想到了一首现代的军歌：“雄赳赳，气昂昂，跨过鸭绿江，保和平，卫祖国，就是保家乡……”

“岂曰无衣？与子同袍”，又是战友情最生动最真实的写照，在表达患难交情时可以用这两句诗。

身既死兮神以灵

身既死兮神以灵，魂魄毅兮为鬼雄。

屈原《九歌·国殇》

《国殇》篇是屈原的《九歌》之一，为挽悼阵亡士卒而作，在安魂仪式上由巫来唱。“国殇”即指为国捐躯的人。屈原之世，正值多事之秋，楚国不仅在政治、外交上连连失策，在军事上亦几遭败绩，损兵失地，国事不堪。研究者说，这首《国殇》之歌可能是为怀王十七年，秦军攻楚、大败楚军于丹阳（湖北秭归）之役而写的。全诗歌述战场厮杀的雄壮惨烈，楚军全部战死，颂赞楚卒英勇无畏，视死如归。我们引原诗文的最后几句如下：

带长剑兮挟秦弓，首身离兮心不惩。
诚既勇兮又以武，终刚强兮不可凌。
身既死兮神以灵，魂魄毅兮为鬼雄。

战死的士卒手中还握着剑执着弓，头颅被砍而心不可屈。真正的勇士精神亦英武，性至刚强志不可夺。勇士们虽然身死而英灵不泯，他们魂魄刚毅在阴界也是鬼类的英雄。

邦国交兵，夏商周秦汉晋南北朝隋唐宋元明清，二十五史，史不胜书。几千年来战死的将士青史上有名姓者已难计数，而更多更多的是没有姓名的兵卒。战士保家卫国，甘愿牺牲，为世人尊敬，阵亡者称作烈士为后人悼念追思。世人大多厌恶战争，但崇敬战士的精神，在史传中，在纪念碑上，在诗词文章歌赋戏曲小说中，战争英烈都是主要的题材。

楚人作歌以巫术来为烈士（国殇）安魂，他们真切地相信身死神不灭，生为战士，到阴界也必为鬼雄，人神鬼、世上天界地府之间是可以感应通融的。所以有“身既死兮神以灵，魂魄毅兮为鬼雄”这样的安慰歌词。不过，今天我们不必以理性去看待迷信，这迷信仪式的另一面是楚人对为国捐躯者深切的崇敬爱戴之情，这里没有悲伤与恐惧，他们似乎从亡魂那里汲取了勇气，领受了精神，激发了意志，迷狂中蕴藏着不可思议的精神力量，这对一个国家、一个民族是重要的。后来楚虽亡于秦，但“楚虽三户必亡秦”之誓亦应验了，楚人项羽起兵灭了秦朝，楚人这种复国报仇之志与《国殇》所歌颂的英烈精神是同一个东西——刻骨铭心、矢志不改、超乎生死的爱国精神。

本文题的这两句诗词可以用在参观“爱国主义教育基地”抒写记悼民族英雄的文章中。

乡村四月闲人少

绿遍山原白满川，子规声里雨如烟。
乡村四月闲人少，才了蚕桑又插田。

范成大《村居即事》

这是一首抒写水乡夏初风情的诗。四月的江南乡村，满原遍野入眼皆是新绿，雨水充溢河间田塘，阳光下白茫茫一片一片。空中细水如烟，不时传来布谷鸟的鸣啼。此时此节的乡间闲人少，男女老少凡能劳作的人，都是刚忙完桑蚕的活儿又去田里忙插秧啊。

此诗如画，忙碌的农人不会画，非有乡居经验，热爱乡村生活、热爱乡民、热爱乡土风情的人也画不出。诗人恰是这么一位在乡闲居又熟知农事、热爱农村生活的诗人。以诗人之眼观乡村之事，处处充满诗情画意。

农村的四月，天热了，雨水也多起来了，灌满了河塘。细雨如烟般轻柔，布谷声声催耕。农谚说，人误地一时，地误人一年。农村人都知道农事的季节性的重要，再忙再累也要赶农时。虽说农民一年四季都有活儿干，但有特别的忙时，那就是耕种插秧的春夏之交，及收获的秋冬之际。春夏之交在水乡最忙了，养蚕很累人，蚕虫日长，昼夜不停地进食，需要采摘大量的桑叶，要间隔一段时间就往蚕箩里投放桑叶。蚕怕寒怕热又怕密，须精心侍弄，日夜都要关照。插秧也是刻不容缓的活儿，稻秧出苗，必须立即插到水田中，插秧的活儿相当累，又要求技术熟练，常常是青壮劳力干的活儿。农活儿虽然大体有分工，但忙累时，不分男女老少，谁能干啥就干啥。农民觉得累，但不觉得苦，他们以为是天经地义的，要想有好收成就要有辛苦的劳作，因而他们绝不会干投机取巧的事儿，给自己干活儿都是手到、力到、心到。

“乡村四月闲人少，才了蚕桑又插田”，语气轻松明快，画出了一幅四月农忙图。确是家家如此、乡乡如此的。凡有农村生活经历的人都会感到十分亲切自然，不由生发出对乡间生活的追思向往之情。诗句中透露出诗作者与乡民同心共感的心理倾向。在写作中，这两句诗可以作为描写乡间夏初春忙的概括描写句子。不知中学生去学农基地能否遇得上。我们就通过诵读古诗，发挥想象，间接地体会一下这种风情景象的人生意味吧。

但得众生皆得饱

耕犁千亩实千箱，力尽筋疲谁复伤？
但得众生皆得饱，不辞羸病卧残阳。

李纲《病中》

作者李纲，南宋人，曾为宰相。这是咏物诗，对象是病牛。一头老牛曾耕犁过千亩之田，收成千箱粮食，力气用完筋骨疲软，有谁同情关照呢？自己的劳累如能换得众人肚子饱，老病时孤寂地卧倒在黄昏中，也心甘情愿。

耕牛在古代是人类最重要的农业工具。那时没有机械，使用耕牛节省了人力。在大牲畜中，牛的速度不快，但耐力大，可以长时间劳作。在漫长的社会历史中，耕牛和人类生活的关系十分密切，牛吃的是草，干重体力活，但从不偷懒，终日劳作，只要力气尚存，决不怠工，一直到病老。所以，人们将牛的这种特性比拟为某种品性的人。家庭中、社会上就有类似耕牛品性的人，为他人任劳任怨，只管劳作，不问报酬。20世纪五六十年代，国家提倡革命的老黄牛精神，艰苦奋斗，勤俭持家，许多劳动模范被称为“革命的老黄牛”。不过，客观而论，历史上现实中人对牛的所作所为并不公道。耕牛很难遇到善良有同情心的主人，劳作中常遭鞭棍抽打，一旦病了瘦了老了无用了，主人就将它杀掉食肉寝皮，老牛被杀时是落眼泪的，但不挣扎，可谓将其所有都奉献给了残忍狠毒的人类。当然人很难将人间伦理观念用在对动物的关系上。这首诗就写了这么一头劳苦功高如今病瘦疲老的耕牛形象。作者使用的是拟人手法，写出了牛的心理活动，其精神境界可敬可佩。作者这里是借写牛来表现自己。他自己勤劳于国事，忠心耿耿，力图匡扶宋室，但不得志，受苟和派排挤，所幸他没有像岳飞那样被残杀，只是被排挤出权力中枢，如卧在残阳中的耕牛一般。虽有不平，但无抱怨，为君为国尽忠而已，成败可以不问，荣辱可以不管。

这是一首典型的拟人之作。“但得众生皆得饱，不辞羸病卧残阳”，可以作为议论文题目，谈一谈耕牛的精神。

一川晚照人闲立

寂寞亭基野渡边，春流平岸草芊芊。
一川晚照人闲立，满袖杨花听杜鹃。

郑协《溪桥晚兴》

作者郑协，南宋遗民。此诗写春日水边观感。河边渡口处，有亭可憩，空寂无人，但见春水平岸，岸边芳草芊芊绵延。夕阳余晖散落在水面上，诗人临水闲立无所用意，袖上着满了杨花，耳边听着杜鹃的鸣叫声。

这显然是一幅春景图。渡口有亭，但无人往渡也无人在亭边休憩，相当寂静。春水平岸，水流充盈而稳缓，两岸芳草萋萋，一派春意。夕阳晚照，人闲独立，又有杨花着袖，杜鹃入耳，何其安然静谧。面对此时此地此景，诗人的心境理应是安适、轻松、愉悦的。而实际上，诗人内心之态恰恰相反。“听杜鹃”一句虽似写实，其实另有寄托。杜鹃又名子规，古书记载，杜鹃“出蜀中，今所在有之，其大如鸠。以春分先鸣，至夏尤甚，日夜号深林中，口为流血”。又有传说古蜀国王杜宇，号曰望帝，死后化为杜鹃，年年于春月啼鸣，故蜀人闻子规鸣而思望帝。唐人顾况《子规》：“杜宇冤亡积有时，年年啼血动人悲。”唐人胡曾《咏史·成都》：“杜宇曾为蜀帝王，化禽飞去旧城荒。年年来叫桃花月，似向春风泣国亡。”再联系本诗作者郑协生平，作此诗时，南宋已亡，他成了宋朝遗民，元人已入主中原，为中国共主，那么这“听杜鹃”当然是为亡宋招魂，寄寓遗民的亡国之恨、前朝之思。眼前春景仍旧，而江山易主，冠盖变色，前朝旧臣岂能忘却君国之恨，怡然陶醉于良辰美景之中呢？

不过，就诗的本身说来，也可以看作一首单纯的春景诗。它对景色的形象、神韵、光彩、声音都有精心的选择，用主观的情思构织成一个相当完整的艺术境界。短短四句诗，做到了以少胜多，以形传神。诗人的内隐之情不形之于辞句。我们所说的寄寓内涵，当然是采用了知人论世法推测分析出来的。假使我们对作者的生平，作诗的背景、用意毫无所知，当然只能是就诗论诗，而不能牵强附会，任意引申。那么“满袖杨花听杜鹃”就是描写诗人在静心定意地审美，感受自然界生灵之妙，心生共鸣而已。这一句也就是实际的描写叙述了。

义高便觉生堪舍

雪中松柏愈青青，扶植纲常在此行。
天下岂无龚胜洁，人间不独伯夷清。
义高便觉生堪舍，礼重方知死甚轻。
南八男儿终不屈，皇天上帝眼分明。

谢枋得《北行别人》

作者谢枋得是南宋官员，宋亡后，寓居闽中。元朝屡召命出仕，坚辞不应，终于被强制送往大都（今北京），坚贞不屈，绝食而死。这首诗就是北行前离别明志之作。像松柏那样雪寒之天更显青青郁郁，维护君臣大义之举就在这次北行中。天下难道没有像龚胜那样贞洁的人吗？人间不仅有伯夷叔齐两个义士。为人所求的道义高尚，便觉得生命也可舍弃，视君臣之礼重，才知道死算不得什么。南霁云大丈夫至死不屈，皇天有眼看得清清楚楚。

这是一个亡国遗臣慷慨赴难的誓言。诗中说的“纲常”指的是封建时代“三纲五常”。“三纲”讲君臣、父子、夫妻关系中，尊卑贵贱主从的位置，不可更改，天经地义，两两对应之间负有道义责任，君仁臣忠，父慈子孝，夫唱妇随。尤其是强调后者对前者的忠孝人人是绝对的、无条件的。诗中用了三个典故，讲的都是“扶植纲常”的人生榜样、楷模。龚胜在西汉哀帝时为光禄大夫，王莽篡政后遣使者要拜龚胜为讲学祭酒，龚胜说“岂以一身事二姓”，自绝饮食而死。伯夷叔齐是商末孤竹君之子，伯、叔是兄弟排行用字，伯为老大，叔为老三。伯夷为成全君父欲立叔齐为储君之愿，逃往异地。君父卒，叔齐不肯继位，找到伯夷让位于长兄。伯夷说父命不可违，于是兄弟双双隐居首阳山，国人立孤竹君仲子为新君。后武王灭商，天下宗周，夷、齐以商遗民自居，义不食周粟，终于饥饿而死。南八，即唐朝时的南霁云，行八，师长朋友昵称之南八。安禄山军破睢阳，他和郡守张巡同时被俘不降，被害前张巡呼叫说：“南八，男儿死耳，不可为不义屈！”南八回答说：“欲将以有为也，公有言云敢不死！”于是不屈而死。

中国古代的文人士大夫有杀身成仁、舍生取义的传统。仁义是儒家最高的社会人生理想，要以生命去体验它，实践它。作为一种历史的文化的理想本是很抽象的东西，落实在实践层面便是讲忠君报国，孝顺父母，尊敬师长，诚信待友。伦理关系一旦成立，就永远不能更改。其应当承担的伦理责任就要终身以之，至死不渝。尤其在臣民与君国的纲常关系上，一旦改朝换代，尤其是异族入侵之际，就有士大夫不肯屈志变节做贰臣，或慷慨成仁，从容就义，或远遁江湖，隐迹山野，决不与新朝合作。“义高便觉生堪舍，礼重方知死甚轻”，抽象的道德理性化为诗歌的感性体验，迸射出思想与情感的双重光辉，且诗人终归用生命实践了自己的政治伦理、人生审美相结合的理想，因而其价值意义是不朽的、无上的。

九死南荒吾不恨

参横斗转欲三更，苦雨终风也解晴！
云散月明谁点缀，天容海色本澄清。
空余鲁叟乘桴意，粗识轩辕奏乐声。
九死南荒吾不恨，兹游奇绝冠平生！

苏轼《六月二十日夜渡海》

作者遭蔡京、章惇等政敌迫害，七年间数遭贬谪，由英州（治所在今广东英德）而至惠州，最后到海南岛的儋州（治所在今儋州市），新帝继位遇赦北还。这首诗就是自海南岛返回，渡琼州海峡时所作。前四句写海中夜间所见景色。参横斗转时近三更，此时风雨交加的天气也转晴了。云散了，月亮出来了，是谁点缀的呢？天的颜色和海的颜色，本来就是澄清碧透的呀。后四句抒怀。心中空留下孔子那种传道于海外的意愿，大致领略了黄帝奏乐的声韵之美妙。投身南荒虽九死一生，但并不后悔，因为在这里游历观赏了内地没有的景色，一饱眼福乃平生之最也。

这首诗记行程兼有人生抒怀，属于记事抒情之作。里面有两个用典须解释。“鲁叟乘桴意”，鲁叟指孔子，孔子是鲁人，所以诗中称鲁叟。《论语》中记载孔子说：“道不行，乘桴浮于海。”意思是他自己的社会理想若在姬周天下列国内不能实行，他就乘木筏漂到海外去。这个典故暗喻自己的政治主张在中原内地没能实现，流落到海南也无甚成果，在这点上是和孔子的感喟相通的。“轩辕奏乐”，轩辕即中华人文始祖黄帝。《庄子》中说，北门成问黄帝说，您在洞庭之野演奏咸池之乐，我开始听时感到畏惧，继之感到倦怠，听到最后感到心神不定，恍恍惚惚，不能自主。黄帝说，我演奏的乐曲表现了天地万物至大至精的奥妙之义，你不知不觉中就被引入了道的境界，天道与你浑然一体，大概就是你现在感受的这个样子。诗人使用这个典故，喻指夜间大海的波涛声，天空的风雨交加又云散月明、海天澄碧的景象入耳，过眼入心，让他顿然领略了天地万物、社会人生的宏大而至深妙的道理，暗示难得的人生遭遇成了他的精神财富。

这首诗的整体表现是用暗喻，天象的变化特征暗喻社会政治、人生环境的变化特征。如诗的前两句即虚写自己政治生活的转机，苦闷凄凉的日子过去了。政治上总有明君贤臣拨乱反正的时候，理想的政治本就是清明公正的。最后两句明面上说自己难得有此游历，饱览了奇绝的景致，虽九死一生也不后悔，暗喻自己的政治怀抱信念，决不改变，那些权势者们用流放南荒来惩治他，结果使他反在逆境苦境中受到了人生锻炼，丰富了人生阅历，反讽之意见于言外。作者以自然物象喻人事境况相当贴切自然，不露刀斧之痕，十分高明。

“云散月明谁点缀，天容海色本澄清”，作为写海天夜色的佳句可独立欣赏，将自然景物实际上本来就有的壮美写得很富有人格情趣。有形有状有情有理，终有趣味。

“九死南荒吾不恨，兹游奇绝冠平生”，人生信念坚定不移，又豁达超脱地看待人生的不平遭遇。此两句诗概括得形象妥帖，又痛快淋漓。

愿得人间皆似我

北山种了种南山，相助力耕岂有偏？
愿得人间皆似我，也应四海少荒田。

王禹偁《畬田词五首（其四）》

王禹偁《畬田词五首》，是他在贬官商州（治所在今陕西商洛市商州区）第二年春天写的。商州多山，山深地少，交通极不便。农民垦植的田地叫畬田，即火耕田，即用刀斧砍掉林丛，用火烧去山上的植被杂草，再用镐头一点点挖出石头树根草根，平整疏松出土地来。王禹偁的五首诗就是描写当时当地这种劳动过程、劳动场面、劳动气氛，歌颂这种劳动精神的作品，被认为是有鲜明的人民性、进步性的作品。

这《畬田词五首》的第四首说的是耕种的农事。农民在北山种完又去南山种。山上的田土薄，面积都不大，但耕作很费力气，施肥、用耕牛、浇水都极不方便，效率低，所以需要互相协助，几家联合起来先一起给你家种，然后再给我家种，再给他家种。大家都一样，团结互助，帮助别人，别人也就帮助自己，人情真诚，风气淳朴。

“愿得人间皆似我，也应四海少荒田”，这两句是口号诗，作者认同劳动者的立场，表达劳动者的自豪及愿望。作者出身农家，熟悉农事，关心农民。当时战乱刚刚停止，国家百废待兴，需要足够的粮食。对地方官来说抓农业、劝耕织当然是重中之重了。在社会相对安定时期，提倡人民开荒种地多打粮食，当然是利国利民、立根立本的善事。

现在我们诵读这首诗，目的是了解一下古代的农业劳作状态、劳作精神、劳作关系及劳作对象。尤其是古人的劳动热情、互助精神、不惧苦累、乐观向上的意志是值得肯定学习的。

数峰无语立斜阳

马穿山径菊初黄，信马悠悠野兴长。
万壑有声含晚籁，数峰无语立斜阳。
棠梨叶落胭脂色，荞麦花开白雪香。
何事吟余忽惆怅，村桥原树似吾乡。

王禹偁《村行》

这首诗写于商州，当时作者从开封被贬到商州。作者热爱山村，这首《村行》就是写山村景色的佳作。诗人乘马走山路，正是山菊开黄花的时节，天气温暖但又爽快，于是不慌不忙信马由缰尽野兴随意走去。山壑纵横，秋溪淙淙，傍晚时分尤其清新，几座山峰静默地并立在夕阳斜晖下。棠梨树的叶子落了，挂在树枝上的果实有胭脂般的颜色。荞麦花开得如雪样白，散发着香气。什么原因使我即兴吟诗之后生惆怅之情呢？不为别的，只因这村头桥边的树那么像我家乡的一样。

古诗中写景之作十分多，这首诗的特色有这样几点。其一，这是深山沟壑中的村景，与平原乃至水乡的村景是不同的，诗作写出了它的特色。山中小径尚可骑马，曲折狭窄隐散在山石树木之中，所以用“马穿”。山上开满黄色的野菊，也是其他地方难得一见的，山深路空有野趣，人也好，马也罢，慢慢悠悠任性走。有兴致，才能耳听山泉声，眼观青峰皆似有情有意。山中并非荒野，有令人可喜的农作物，胭脂色的是挂在树上的棠梨，开小白花散着香气的是荞麦。这两种农作物适应性强，是北方的特产。所以诗人笔下的景色不是任何地方泛泛的秋景，而是有特色的北方山区乡村秋日的山乡景色，这里既有自然之美，也有农民的劳动成果——农作物之美，隐隐中有一种待丰收的喜悦。这一点与作者出身农家，熟悉农事，热爱乡村的个人情趣有关，所以他才有如此兴致。其二，写美景而忽然生思乡怅惘之情，也有点出人意料，作者实际上是暗示自己的个人遭遇，被贬逐到这偏僻穷困的山沟沟里，什么时候回去由不得自己。其三，“万壑有声含晚籁，数峰无语立斜阳”是写山间晚景的佳句。两两相对，有声有色，有静有动，有多有少，有高有低，有情有状，自然景物富有人情味道，极传神。山区沟壑多，有沟则有山泉，有流泉则有声，秋日山中傍晚清静，故泉水为籁，数座高峰兀立似人形，故生无语默立之想象，比拟很传神。

山重水复疑无路

莫笑农家腊酒浑，丰年留客足鸡豚。
山重水复疑无路，柳暗花明又一村。
箫鼓追随春社近，衣冠简朴古风存。
从今若许闲乘月，拄杖无时夜叩门。

陆游《游山西村》

这首诗是作者游访山乡农家后写的观感。不要以为农家腊酒不清醇，去年丰收了待客都用丰盛的鸡肉猪肉。一道道山一条条绿水走着走着路径难辨以为是迷路了，突然一片深绿的柳色明艳的花色中坐落着小村庄。村民们正吹吹打打，鼓乐声声，欢天喜地地祭社祈年呢，他们衣着简朴保存着古代的风俗。如果以后人生得消闲，一定会乘着月色拄着藜杖到谁家去敲门。

陆游在南宋官员中是主战派，因此被当权的投降派所排挤，一度遭弹劾而罢官归故里。闲居故乡山阴期间，他遍游山乡，走访农家，获得了人生的极大安慰。自然界的青山绿水、鸟语花香，乡村生活生产的从容悠闲，乡亲们的古道热肠，使他体验到与官场朝廷完全不同的人生意味。他一度沉迷在这自然的而又是审美的人生境界中。因为陆游是赋闲的官员，居乡没有生计之累，他又是诗人，天性热爱绿色生命、乡风民情，所以这乡居生活真是最自由最适性最愉悦的日子。实际上陆游并未逃避现实，做梦都期待着持金戈乘铁马，挥师北上，为国立功。这两种似乎是不同的人生志趣在他的身上都表现得相当充分。从人生哲学上说，这叫作“儒道互补”，进退都有境界，人生较为完整。

当然，这首诗受人称道还是因为名句的精彩。“山重水复疑无路，柳暗花明又一村”，这两句诗写出了许多人的游历经验。你去游历一个从未去过的地方，你不熟悉那里的山势水脉，没有向导，也不知路途去向始终，但知大略去向。信步约摸而行，就可能遇到这类情况。那心情当然是倍感新奇惊喜。这种经验性的感受一经诗人生动的描述就显示出一定的思想意义，给人以道理上的启迪。它形象地昭示人们，不要对前途失去信心，坚持前行总会有出路。我们在学习上，对一个问题百思不得其解，自己几乎失去信心，马上就要放弃了，我们再坚持一下，心里豁然一亮，原来如此，我终于找到你了。它会给你一个意外的惊喜。这偶然中包含着必然，不可预期、未曾预期中出现了理想的结果或境界，当然要比一切都在预期中、按部就班就能达到目的的情况要有意味得多。在作文中可用以描写一种心理经验，也可用以描述一种过程的转机，也可以作议论文的题目。

英雄事往人何在

据鞍指挥八千兵，昔日中原几战争。

追鹿已无秦社稷，逝骓方叹楚歌声。

英雄事往人何在？寂寞台空草自生。

回首云山青矗矗，黄流依旧绕彭城。

吕定《戏马台》

吕定，字仲安，南宋新昌（今属浙江）人，是一名将官，博学工诗。这是一首凭吊古人项羽的诗篇。诗大意是：蹬在马鞍上指挥着八千名兵士，在昔日的中原经历了多次战争。驱逐了皇帝已经没有了秦的政权，失去了乌骓才叹息四面楚歌之声。英雄的事迹已成为往事，叱咤风云的人物在什么地方？寂寞的戏马台，空空荡荡，杂草横生。回头看彭城四周的青山如故，黄流依旧绕着城郭而流淌。

“英雄事往人何在？寂寞台空草自生”，这两句诗，说的是项羽惊天动地的事迹已是往事了，只能成为人们回忆的话题。当年热闹非凡的戏马台已不再繁华，空落落的，杂草丛生，给人一种“俱往矣”的感触。

我们作文时，可以引用这两句诗来追溯历史，追溯历史人物。当我们游览某处名胜或某处古迹时，很自然地会生发出一股思古之幽情，历史上那么多的英雄曾经在此地干出过轰轰烈烈的事业，令人钦佩，令人向往。但山河依旧在，英雄已千年，历史以它不紧不慢的脚步带走了一切，再伟大的人物也只能驰骋于一时。“青山依旧在，几度夕阳红”，说的也是这个道理。当我们在作文时需要表述上述的意思时，可以引用这两句诗。在引用时，应注意配合自己的情绪，“英雄事往人何在？寂寞台空草自生”，表现了一种悲凉、凄惨的感情，没有豪情壮志，更没有兴高采烈的成分。有“千古兴亡多少事”的思想，但不是“不尽长江滚滚来”的感慨，而是一种由繁华到寂寞的叹息。

豪华尽出成功后

霸主孤身取二江，子孙多以百城降。
豪华尽出成功后，逸乐安知与祸双？
东府旧基留佛刹，《后庭》余唱落船窗。
《黍离》《麦秀》从来事，且置兴亡近酒缸。

王安石《金陵怀古四首（其一）》

王安石，字介甫，抚州临川（今江西抚州）人，北宋著名诗人，唐宋八大家之一。这是一首以金陵兴衰历史为题材的七律。此诗的大意是：凡是取得二江建都金陵的开国之君，大多是白手起家，好不容易夺得天下，而其子孙多数坐拥百城而最后投降了。成功以后豪华奢靡，贪图安逸享乐怎么知道这是与灾祸成双的？东府的旧基上只留下了几座佛寺，《玉树后庭花》的余唱落到了画舫的窗内。《黍离》和《麦秀》这两首歌唱出了古往今来的兴亡更替，暂且把兴亡之事放到酒缸里吧。

“豪华尽出成功后，逸乐安知与祸双”这两句诗，借古鉴今，指出历史上一切政权的衰亡，都是因骄奢淫逸而致。告诫人们在所取得的成绩面前，一定要戒骄戒躁，继续发扬艰苦奋斗的传统。在引用这两句诗时，一定要使表现的主题与这个意思相吻合。这两句诗适合用在议论文的写作之中，可以用这两句诗作为文章的论点，说明贪图安逸享乐，追求穷奢极欲生活的害处。特别是在当今物欲横流的社会中，人们都在追求物质享受，一些人经不起生活的考验，为了过那种豪华逸乐的生活，不惜丧失自己的人格，走上犯罪的道路，像陈希同、王宝森这类贪官之流，就没有意识到“豪华尽出成功后，逸乐安知与祸双”所揭示出的道理，结果成为千古罪人。因此，我们在写这一类主题的文章时，可以引用这两句诗，再加上古往今来一系列的例证，就会使文章有理有据，并颇有文采。

夜阑卧听风吹雨

僵卧孤村不自哀，尚思为国戍轮台。
夜阑卧听风吹雨，铁马冰河入梦来。

陆游《十一月四日风雨大作二首（其一）》

这首诗是一首非常有名的爱国诗篇。写此诗时，作者身在家乡，已经六十八岁了，但爱国思想老而弥坚。我直挺挺地躺在孤寂的山村里不为自己悲哀，还想着为国家戍边效力。夜深独卧听着外面的风雨声，不知不觉披甲的战马和北方冰冻的河流已侵入我的梦乡。

“夜阑卧听风吹雨，铁马冰河入梦来”，这两句诗真切地刻画了爱国诗人陆游的自我形象。一位年近七十的老人，已经“退休”在家，本可以宁静闲适地安度自己的晚年，种种花，弄弄草，翻翻书，但诗人不甘于过这样的生活，他时时关注着时政，心常挂系着疆场，忧国忧民。披甲的战马和北方冰冻的河流不但占据了作者白天的所思所想，而且还在深夜中悄悄进入梦中，表现了诗人志在抗金报国的豪壮情怀。

“夜阑卧听风吹雨，铁马冰河入梦来”这两句诗，距今已很久远了，但诗人的“烈士暮年，壮心不已”的爱国热情仍时时地激励着我们。虽说当今世界大片的版图为太平盛世，但是其中潜藏着的危机却始终让爱国志士们心神不安，拳拳的爱国之心激跳不已。这两句诗中所蕴含的那股浓浓的爱国情永远不会过时。我们写文章时，如果是涉及爱国主题的，都可以引用这两句诗。在记叙文中，引这两句诗可以表现主人公爱国忧民的高尚人格。在议论文中，我们可以用这两句诗引出陆游来作为例证，用事实论据来证明自己的观点，并使自己的语言有气势和文采。

零丁洋里叹零丁

辛苦遭逢起一经，干戈寥落四周星。
山河破碎风飘絮，身世浮沉雨打萍。
惶恐滩头说惶恐，零丁洋里叹零丁。
人生自古谁无死，留取丹心照汗青。

文天祥《过零丁洋》

文天祥，字宋瑞，吉州庐陵（今江西吉安）人，南宋著名诗人。这首诗是文天祥在广东潮阳战败被俘后，元军把他押往厓山，船过零丁洋时所作。元军元帅张弘范多次逼迫他写信去诱降张世杰，他就挥笔写下了这首诗交给张弘范，以表明心志。全诗的大意是：我自考中进士出来做官以后，从此备尝艰辛，在荒凉冷落的抗元战争中已经整整过了四年。山河破碎得像被风吹散四处飘落的柳絮一样，一生坎坷，时沉时浮，就像雨打的水上浮萍一样。惶恐滩头说抗元失败对时局的忧虑，零丁洋里感叹自己被囚孤掌难鸣。人生从古至今谁能不死，留下我的赤胆忠心让它永照史册！

这首诗，充满沉雄悲壮和激昂奋发的情调，体现了文天祥热爱祖国的思想感情和坚贞不屈的民族气节。“惶恐滩头说惶恐，零丁洋里叹零丁”，这两句诗是体现诗人内心苦楚无法言表之句，也是诗人伶仃无援之伤感，虽身处逆境无法自拔，但忠贞不渝的爱国热情让他在零丁洋里慨叹！最后以坚定、激昂的语气，唱出了为国尽忠、死而无憾的心曲。这两句诗好在对仗奇巧，“‘惶恐滩’和‘零丁洋’是两个带有感情色彩的地名，而又被作者运用来表现他昨日的‘惶恐’与今日的‘零丁’，真可谓诗史上的绝唱”（引自《宋诗鉴赏辞典》）。

爱国之情是一个永远也歌颂不完的主题。当我们身处逆境，抒发爱国之情时，我们自然会想起千百万的爱国志士，而“惶恐滩头说惶恐，零丁洋里叹零丁”这千古佳句，自然会成为我们的点睛之笔。此外，因为这两句诗是对自身所处困境的慨叹，所以在文章中可以运用它来抒发逆境中的愁绪，叙写在困难中的苦闷、彷徨之心。因为这两句诗给人以悲壮之感，所以引用时应从全诗的思想角度考虑，写愁绪和孤寂最好是客观环境造成的，而不是人主观上的心情和凭空的慨叹。

铁马秋风大散关

早岁哪知世事艰？中原北望气如山。
楼船夜雪瓜洲渡，铁马秋风大散关。
塞上长城空自许，镜中衰鬓已先斑。
出师一表真名世，千载谁堪伯仲间。

陆游《书愤》

陆游，字务观，南宋诗人，越州山阴（今浙江绍兴）人。这首诗的大意是：早年自己阅历不深哪里知道世事的艰难，站在中原向北望去豪气如山想收复失地，曾经冒雪驾驶着战舰从瓜洲渡北上反击金人，也曾乘着铁骑迎着秋风在大散关和敌兵周旋。但是塞上长城只能是空自期许，揽镜自照衰老的鬓发已先斑白了。诸葛亮的《出师表》真是威名震世，千年来谁能与他相比！

“楼船夜雪瓜洲渡，铁马秋风大散关”，这两句诗叙述了诗人两次值得纪念的经历，而这两次征战金军的经历均以失败而告终，使诗人的希望成了泡影。所以在这十四个字中饱含了作者无比激愤和辛酸的感情，雄浑悲壮，气宇轩昂，为人们广泛传诵。

这两句诗属对工稳，“楼船夜雪”与“铁马秋风”对仗，读来朗朗上口，既传达出诗人的豪情壮志，又给人一种荒凉萧瑟之感，所以它表现出的感情是比较复杂的。

在写人的文章中我们可以引用这两句诗，表现主人公为国家、民族的利益不辞劳苦的优秀品质。同时也可以写自己，通过对自己往昔生活的回忆，表现为生活、为理想而曾经有过的拼搏。但引用时，必须与原文的思想和情调合拍，应是表达一种壮志难酬、豪情无寄之情。

从今别却江南路

草合离宫转夕晖，孤云飘泊复何依？
山河风景元无异，城郭人民半已非。
满地芦花和我老，旧家燕子傍谁飞？
从今别却江南路，化作啼鹃带血归。

文天祥《金陵驿二首（其一）》

这首诗是文天祥被俘后，被押赴元朝都城燕京（今北京）途经金陵（今南京）时所作的。

全诗的大意是：一片惨淡的夕阳斜照着长满衰草的离宫，自己就像那天边飘浮的孤单的云彩再向哪里依托？山河风景与原来没有什么差异，但生活在城郭里的广大人民却大半已经今非昔比了。满地随风飘零的芦花伴着我一天天老去，旧家里的燕子将飞往何处呢？自己从今天起被迫与江南的故乡告别了，死后也要化成啼血的杜鹃鸟，飞回南方。

“从今别却江南路，化作啼鹃带血归”，这两句诗“化用《楚辞·招魂》‘魂兮归来哀江南’的语意和望帝死后化为杜鹃的神话，表示诗人现在虽然被迫离开故乡，绝无生还之望，但一片忠魂，终归南土”（引自《宋诗鉴赏辞典》），表现了他视死如归的英雄气概和坚定不渝的民族气节。这是诗人用鲜血和生命写出来的诗句，沉挚悲壮，充满了强烈的爱国感情。

了解了这两句诗的出处和大意，我们在作文时，凡是涉及表述“爱国之情”和“报国之心”这类主题时，都可以引这两句诗，来表达自己的爱国爱民之心志。虽然这两句不如诗人的“人生自古谁无死，留取丹心照汗青”那样家喻户晓，但它也感动了后世的许多人，表现出强烈的民族正气。这两句诗的重点在后一句“化作啼鹃带血归”上。杜鹃啼血是很悲壮的，但是为了祖国，为了人民，为了追求的事业，革命先烈们宁可“啼”尽自己的最后一滴血。这是怎样的一种献身精神！如果在文中引这句诗，可以使文章的主题更加集中凝练，同时能使文章增添一种慷慨悲壮的情调，发人深省。

家祭无忘告乃翁

死去元知万事空，但悲不见九州同。

王师北定中原日，家祭无忘告乃翁。

陆游《示儿》

八十五岁那年，陆游在家乡与世长辞。这是他临终时留下的绝笔诗，也是他的遗嘱。这首诗的大意是：我本来就知道人死之后一切都是空的，只是悲哀看不到全中国的统一。王师到北方收复了中原失地的那天，家祭的时候千万不要忘记告诉你父亲我啊。此诗表现了诗人不见收复中原、祖国统一而死不瞑目的伟大的爱国精神，是诗人用血和泪凝聚成的千古绝唱。作为一篇遗嘱，它无愧于诗人爱国的一生。一个人在病榻弥留之际，心情是很复杂的，要说的话千头万绪，要嘱托的事是很多的。但诗人却告诉儿女他最大的愿望就是当全国统一的时候，通过祭奠把这个好消息告知他，以安慰他九泉之下一直期盼的灵魂，表现了诗人对祖国的挚爱之情和崇高的思想境界。这实在是难能可贵。

“王师北定中原日，家祭无忘告乃翁”两句诗表明了诗人对恢复祖国统一的坚定信念，但诗人明知死后不复有知，却以此嘱儿，实为表达他至死不泯的心愿，悲壮沉痛，悲中有壮，抒发了作者的爱国激情。

我们可以把这两句诗看作所有为祖国统一而献身的爱国志士们的生命绝唱。因此，在作文时，如果是写爱国人士、歌颂爱国精神的主题时，可以引用这两句诗，表现爱国者的豪言壮情，激发人们的爱国斗志。可以结合当今我们中国的实际，中国目前尚未统一，国内国际上的一些“台独”分子还在到处宣扬分裂祖国的反动言论。实现全中国的统一，是我们每个中华儿女的光荣任务。我们也应有爱国诗人陆游的远大抱负，为祖国的统一做出我们应有的努力。如果在文中引用这两句诗，能够增强文章的震撼力。

漆室空怀忧国恨

幽燕烽火几时收，闻道中洋战未休。
漆室空怀忧国恨，难将巾帼易兜鍪。

秋瑾《杞人忧》

这是一首即事抒情诗。清光绪二十六年（1900），京津一带爆发义和团驱洋运动，后清政府觉得义和团人多势大可以利用，便与之联合打击在中国境内的西洋势力。后英、俄、日、德、法等国组成联军，进攻天津，京津地区爆发中国军民联合抗击侵略军的战争，后侵略军攻陷天津并挥师入侵北京，慈禧太后携光绪皇帝仓皇西逃，北京失守。联军占领北京烧杀抢掠，为害甚巨，战争持续了半年之久，后以清政府“议和”妥协，签订丧权辱国的《辛丑条约》而告终。秋瑾听到北方中洋战争的消息，深感悲愤，于是写了这首诗。诗的开头两句说，京津一带的战争什么时候停止呢？听说中国军民与外国联军交战已经很久了。幽燕指河北一带，古为幽州、燕国之地。烽火即指战争。后两句说，漆室女子空怀忧国恨，没有办法将巾帼换成打仗的头盔。这里借用了一个典故：漆室，春秋时鲁国邑名。鲁穆公时君老迈而太子年少，国事甚危。漆室有一少女深以为忧，于是倚柱而歌，悲戚动人。后以此为平民女子关心国事的典故，诗人借以自喻。古时称女子头巾和发饰为巾帼，战士的头盔为兜鍪。诗人这里是自恨自己是个女子，不能上战场杀敌。

“漆室空怀忧国恨，难将巾帼易兜鍪”，两句诗壮怀激烈，千古卓绝。古人说“国家兴亡，匹夫有责”，这匹夫是指没有名位的男性士子，没有女子的事。古诗上又说过“商女不知亡国恨”，女子是没有能力也没有资格关心国家大事的。所以，秋瑾无奈地说自己是杞人忧天，于国家民族无能为力。但秋瑾最终干了一番轰轰烈烈的革命事业，最后举义失败而不逃生，从容待捕，慷慨就义。这两句诗引发我们对巾帼英雄的崇敬之情，可以用以描述女英雄的忧愤之志。

一枝一叶总关情

衙斋卧听萧萧竹，疑是民间疾苦声。
些小吾曹州县吏，一枝一叶总关情。

郑燮《潍县署中画竹呈年伯包大中丞括》

这是一首题画诗，即先作一幅画后，在画面上题诗，最后再压上图章。这样，一幅宣纸上就有了诗词、书法、绘画、印章等几种艺术。当时作者在山东潍县任县令。包括是山东布政使，主管一省民政、财政，并署理巡抚事，即代行省长职权。所以郑燮称之为中丞，年伯即长辈之谓。包中丞下潍县衙署视事，知县郑燮接待顶头上司，画了一幅竹图并题诗其上，其苦心雅意很耐人寻味。题诗上说，知县本人在衙署书房中夜不能寐，听着窗外竹枝竹叶迎风作响萧萧入耳，似乎是民间的叫苦之声。像我们这些州县小吏——“基层干部”闻听此声总是牵肠挂肚。

郑板桥官位虽卑，但书画有名，敬送一幅水墨竹给上司本属常情。他题了这么一首诗在上面也不是为了故作姿态，借机表示自己身为父母官爱民如子确有实情在。郑板桥五十四岁那年从范县“平调”到潍县任知县，但刚去，就赶上全县大旱，目睹了民不聊生、四处逃荒、人相食、卖儿典妻的惨状。这灾难持续了两三年，板桥令开仓赈济，令大户开厂煮粥，亲自下去放赈，救了不少难民，但终不能全部救民于水火，心中无比悲痛忧虑。所以，这首诗中写的完全是当时真实的心情。板桥为官，在范县五年，潍县七年，前后十二年，都是知县，“七品官耳”，直到六十一岁辞官归去，但对人民的苦难有切身的感受与真切的同情，为官清廉刚正。但那时官场腐败无可救药，上上下下只知剥削压榨人民血汗以自肥，一两个清官小吏扭转不了大局。但他这种体恤“民间疾苦”的情怀，廉洁自律的官德人品，作为一种精神力量，却超越了时空，在后世发生着回响。在议论地方官员与百姓的关系、干部作风等问题时，可以联想这首诗。

扫云扫雾真吾事

一阵狂风倒卷来，竹枝翻回向天开。

扫云扫雾真吾事，岂屑区区扫地埃。

郑燮《题画》

这首题画诗是借竹咏志。前两句描写画面上与狂风搏斗的竹的形象。后两句是借题言志。乍看起来，题材与《竹石》差不多，描写竹的坚劲，但题材相同，主题不同，这首诗侧重抒发的是诗人的“天下”之志。从创作上说，作者意图不同，艺术效果也就不同。艺术作品的内涵与作家的主观目的很有关系。艺术描写不是对外在的客观事物写得像不像、生动不生动的问题，任何艺术都是主观性的，纯客观艺术本来就没有。中国艺术品尤其侧重作者的主观情志的表达。

“扫云扫雾真吾事，岂屑区区扫地埃”，这完全是诗人赋予竹子的特征，不是竹子的客观属性特征。竹子有枝叶，可以作扫帚用，人们用它打扫地上的灰尘，作清理卫生之用，这是它的功用，叫“作为”吧。但这未免太平凡、太一般了，它其实还能干大事情，即“扫云扫雾”，这真是异想天开，但也不无一点儿根由。画面上风云滚滚，一丛竹枝翻回劲挺，看起来不像是在尽力打扫空中的云雾吗？那么，诗人为什么这样联想，或者说他为什么这么画呢？其来源是诗人的内心。作为封建时代的文人，大都自视甚高，对社会人生有很高的怀抱，往往以“天下之事”为己任。至于有没有这个能力，有没有这个机会，那是另外一回事。郑板桥自然不能免俗，他历经三朝科考——康熙年秀才、雍正年举人、乾隆年进士，四十九岁才得任知县，以为可以实现为国为民的济世之志，亲身经历了官场生涯之后，他才由对现实失望而转向“独善其身”的。郑板桥这两句诗可以借用以抒发个人的凌云之志。

我劝天公重抖擞

九州生气恃风雷，万马齐喑究可哀。

我劝天公重抖擞，不拘一格降人才。

龚自珍《己亥杂诗》一百二十五

龚自珍生活在清王朝由盛转衰的时代，政治上死气沉沉，因循自缚，陈规陋习甚重。对外封关锁国，王朝上下都不知“四海”之外的事情，但西洋人已打到四邻且势力渗透进中国边境。就在龚自珍逝世前一年，鸦片战争爆发。龚自珍以思想家的卓识远见，认识到清政府当务之急应进行改革，激发活力，发掘并重用人才。但他从自身遭遇及在官场的观察中得出结论，王朝中当权者并没有人意识到这一点，所以他作诗大声疾呼。诗的前两句说中国社会的前途要靠有疾风雷电般威力的革故鼎新运动，现在这样万马齐喑的局面太可悲了，是很危险的。我恳求老天再撒播一番，不必拘于成规，多降下人才来。

这首诗无疑是那个时代的先声，有振聋发聩之效。可惜它产生的回应晚了些，历史又走了半个多世纪，一直到光绪朝，才出现了变法维新、新人议政的局面。然而，戊戌变法运动还是被扼杀了，老天仍未成全龚自珍的良好心愿。

“我劝天公重抖擞，不拘一格降人才”，这两句诗的含意，已经超越了针对特定问题的范围，变成了对人才政策、人才观念的一种普遍要求。人才是政治、经济、科学、教育等各种事业发展中最重要的条件，其质量、数量关系到事业的成败。但人才从哪里来？那还是取决于“天公”，他的胸襟、他的政策措施、他提供的条件、他对人才的评价观念。如今社会似乎都重视人才了，甚至在抢人才、挖人才，但人才政策、人才标准、使用制度包括人才观念等，还都有许多值得讨论的问题。

中流以北即天涯

船离洪泽岸头沙，人到淮河意不佳。
何必桑乾方是远，中流以北即天涯！

刘岳张韩宣国威，赵张二相筑皇基。
长淮咫尺分南北，泪湿秋风欲怨谁？

两岸舟船各背驰，波痕交涉亦难为。
只余鸥鹭无拘管，北去南来自在飞。

中原父老莫空谈，逢着王人诉不堪。
却是归鸿不能语，一年一度到江南。

杨万里《初入淮河四绝句》

当时诗人奉命去迎接金国派来的贺正使（祝贺新年的使节），来到边境，写了这一组诗。南宋妥协派把持朝政，文武朝臣及人民抗金北伐的意愿被压抑，诗人奉君命去恭迎敌国的使节，其屈辱愤懑之情当可想而知。

第一首写入淮时的心境。洪泽湖与淮河相连，行船出洪泽湖往北走入淮河即是宋金两国的分界线，心情当然不好了。“桑乾”即今永定河上游的桑乾河，在今山西北部及河北西北部，唐时是唐朝与北方少数民族政权的国境线，那时人们认为桑乾很远，可是到了南宋，不仅桑乾河流域早已沦丧，金人的铁骑已将中原大地全部踏遍，金宋的国境线已南推到淮河一线了，以河心为界，中流以北属于金国领土，所以就如同天涯一样远，不能逾越了。

第二首赞扬南宋爱国将相，是他们扬了国威，奠定了国基。宋国本不缺能臣良将，那么北国难收、南国不保的原因又何在呢？这几姓氏即是刘琦、岳飞、张俊、韩世忠几位武将和赵鼎、张浚二位宰相。他们为国尽忠功莫大焉，但不可思议的是他们不是被杀就是被贬，都无好下场，令人痛心气闷。

第三首写景抒怀。河流即国界，敌我意识作为船民是十分清楚的，所以无船敢越界，绝不交涉。只有水禽不知南朝与北国，姓金姓宋浑不管，在河的两岸自在地飞来飞去。

第四首说中原沦陷区的父老不必说客套话，见到宋王使臣尽管诉说悲愤痛苦屈辱。实际上这不可能，他们只能羡慕那些不会说话的飞鸿，一年一度能从北国飞到江南去。这一段是作者的遐想，想象沦陷区父老兄弟的痛苦及对南宋自己民族政权的向往之心。

“何必桑乾方是远，中流以北即天涯”，这两句诗不仅是特定历史时期爱国诗人悲愤之情绪的表露，也是后世汉民族立场的表现。在这一点上，我们不能用今天的汉族人与满族人包括其他少数民族的关系来理解古代的民族国家关系，历史条件是完全不同的，人们的思想感情当然也是完全不同的。当时的民族压迫、歧视是远远超过同一民族内的阶级压迫、政治压迫的。所以，这种民族国家立场是有历史价值并值得后人思味的。

节操正气
KEWAI YUWEN
YINGYONG XILIE

狐死必首丘

曼余目以流观兮，冀壹反之何时？
鸟飞反故乡兮，狐死必首丘。
信非吾罪而弃逐兮，何日夜而忘之。

屈原《九章·哀郢》

放眼极目看去，什么时候有一个机会返回故都？鸟不论飞去多远，终究要飞回故林的；狐狸将死，也一定将头朝向自己所出生的山丘。我确实无罪而遭放逐，但我对君国故都日夜思念未敢有忘。

郢是楚国都城，在今湖北江陵。因诗篇抒写的是对故都的思念和痛惜之情，因此以“哀郢”为题。当时，楚怀王入秦被拘以为人质，秦向楚索地不得，于是发兵攻楚，取楚十六城。郢都人民为避战乱而仓皇沿江往下游奔走。此时屈原被逐于长江下游的鄂渚附近，已历九年，闻知此情，追想自己离都久远，流亡经年，今又君国遭难，不胜伤悼，于是作此篇以歌当哭。

歌中的“鸟飞反故乡兮，狐死必首丘”，是当时的俗语，人们确信如此。其喻义取其不忘出身、不忘根本。鸟兽尚知此，为人何不然？动物记本原是出于本性，而人在本性之上又加上了理智。中国是农业之邦，数千年来的生产方式造就了国人深厚的故土、故乡、故国观念及情感，逐渐积淀为一种民族历史文化精神，中华民族的凝聚力、爱国心即因此而来。即使到了现代，许多流落海外的华人也常有认祖归宗、叶落归根之举之思。人不该忘本，忘本就意味着背叛，就像家猫一样，它们贪图舒适安逸，为异类所征服驯化，甘心做异类（人）的宠物，结果忘记了家园，丧失了自然野性，也就丧失了作为一个独立特殊的物种的价值，岂不可悲可鄙？

学习使用这两句诗，用以表达个人故土、故乡、故园情思。也可以用来描写他人，如果他人有这种情感言行。

壮士一去兮不复还

风萧萧兮易水寒，壮士一去兮不复还！

荆轲《易水歌》

据《史记·刺客列传》记载，荆轲受命入秦国刺杀秦王，燕国太子丹及宾客为他送行，到易水岸边，为之饯行。席间荆轲的至交高渐离击筑，荆轲唱了这两句歌。当时在场者无不感动落泪。果然，剑客的预感应验了，图穷匕见，荆轲刺杀未成。

荆轲入秦，刺杀秦王得手，尚有万一之侥幸，但无论成否，荆轲必无生还之可能，这种结局太子丹、高渐离、众宾客、荆轲本人都是十分清楚的。但知其必死仍毅然前往——没

有怯懦，没有疑惑，没有算计，没有牵挂，绝不后悔，且并非冲动，异常镇静而清醒。这两句言简意赅的歌胜过多少言辞——舍生取义、英勇无畏、从容不迫、慷慨悲壮等等尽在其中矣。然而，就是这两句歌词，字面上，无一字抒情，无一字议论。“风萧萧兮易水寒”，从写作上说，完全是歌者对自然景物气候的感受，秋风易水令人心生寒意；“壮士一去兮不复还”，则完全是叙述，口吻又是那么从容平静，十分客观。寥寥两句歌词，无非眼见（易水）耳闻（风萧萧）身感（风袭意寒），不过对此行后果之理智预料（一去不还），然而却蕴含着震撼人心的道义力量、情感力量、美感力量。绚烂之极，归于平淡，大概这就是一例吧。这既是历史人生的真实境况，同时也是审美的艺术境界。

力拔山兮气盖世

力拔山兮气盖世，时不利兮骓不逝。
骓不逝兮可奈何，虞兮虞兮奈若何！

项羽《垓下歌》

《史记·项羽本纪》记载，刘邦的汉军与项羽的楚军决战于垓下（在今安徽灵璧县东南）。项羽兵少食尽，被汉军团团重围。项羽夜闻四面汉军都是楚歌之声，大惊说：“汉军已经全部占领楚地了吗？为什么汉军中楚人这么多呀！”于是夜起，在帐中饮酒。有美人名虞，常从侍左右；有骏马名骓，常乘骑。项羽于是慷慨悲歌，自作歌词曰："勇力可拔山英气盖世间，天时不利呀骏骓不奋蹄。骓不向前啊尚奈何，虞姬呀虞姬你可怎么办！"

这首《垓下歌》也如同《易水歌》，都是面临非常的人生境况，亦即生死关头，情动于衷的即兴之作，确实不是文人的思致之营构，自然坦荡，不假辞藻，无须经典，信口而出，即为金声玉振。其为歌也，非此境、此人、此情不生、不成。是可遇而不可求，可一不可再，不能模仿，没有第二，故为千古绝唱。我们学习诗歌，练习作文，应该知道这种不是为创作，为艺术，甚至作者也不懂为诗为艺之法的纯自然的作品的妙处。这也恰好说明了文艺的发生本于人生的真性真情，一个能写作的人，也应该是对人生、社会、自然、历史等感受深切而丰富的人，没有这个基础，任是什么老师，什么写作教程、指南、技巧也教不出好诗词、好文章来。

项羽这首《垓下歌》，是末路英雄悲歌的至典，两千多年来，引发过后世人无限的情思。史书上说，项羽有举鼎之力，英勇盖世，举兵三年即灭强秦，雄霸当世，天下畏服。起兴甚暴，不可一世，可是楚汉相争，项羽一败再败，终至末路。成败生死由天，已置之度外，唯至爱者，良骓美人，难忍难舍，揪心牵肠，此可谓英雄气短，令人同情而生兴味者，此其一也。《楚汉春秋》载虞姬和歌是："汉兵已略地，四方楚歌声。大王意气尽，贱妾何聊生！"虽系出于伪托，亦可见世道人情之所好尚。项羽突围至乌江，本可渡江东去，且能东山再起，而项羽说自己与江东八千子弟渡江而西，今无一人还，纵使江东父老怜敬爱戴我，我也无颜面对，就算没人责怪，我就于心无愧吗？最后，他还是选择了战与死。顶天立地，轰轰烈烈，不苟且求生，令后世敬佩，此其二也。宋代女词家李清照作诗敬叹之：“生当作人杰，死亦为鬼雄。至今思项羽，不肯过江东。”

菊残犹有傲霜枝

荷尽已无擎雨盖，菊残犹有傲霜枝。
一年好景君须记，最是橙黄橘绿时。

苏轼《赠刘景文》

刘景文是北宋祥符（今开封）人。其人博学多才，王安石十分赏识他。苏轼称赞他为“慷慨奇士”，比为孔融。这首诗即他们交谊的产物。诗面写秋末冬初之季景象，但内里写人的品性。夏日盛碧如伞的荷叶如今已枯萎败落，枝枝中通外直的叶茎，如乱箭倒插般瑟瑟立于水中。菊花已残，但仍有经霜未凋的新枝。一年中最好的景致是什么季节呢？就是现在橙子黄了、橘子绿了的秋冬之际。

“荷尽已无擎雨盖，菊残犹有傲霜枝”，秋冬之交，寒霜降临，万物萧条，草木一秋的生命已经基本结束。湖塘中的荷叶虽零落，但荷茎不倒，仍然立于冷水烂泥之中。菊开于晚秋，寒霜摧残了它的枝叶，但仍有新生未凋的枝叶。从力量对比上，荷也好，菊也罢，当然敌不过秋冬霜冻雪寒，它们的枯萎败死是必然的，可是难得的是它们临死不哀，死而不屈，不畏寒霜。因而，诗人观败荷残菊，而产生为人气节德操之想，本无人格情思的花卉却成为有高尚人格意味的形象，在这种形象上寄托着诗人们的人生理想和审美理想。按照近代心理学的解释，这就叫审美移情。即荷花及菊花的品性，无非是观赏者一人的思想感情投射上去的结果。它们是人格的客观化形态。荷花菊花作为自然物本身并无不屈孤傲的意识，可是对审美者来说它们就具有人一样的精神品格。这种情况的发生是在一定的历史文化条件下，人与某种自然事物的特殊关系造成的。同一历史文化条件中的人是普遍认同的，具有社会的客观性。民国初年，辜鸿铭曾以这两句诗和张勋互勉，后来胡適问辜鸿铭是什么意思，辜说，“荷尽已无擎雨盖”指的是清朝官员的大帽，“菊残犹有傲霜枝”指的是他们在民国后仍然留着辫子，颇有趣味。

“一年好景君须记，最是橙黄橘绿时”，一般地说，农民最喜欢橙黄橘绿的时节，那是丰收的时节，也是相对轻闲的时节，但文人墨客是悲秋的。这里苏轼一反常态，认为一年最好的季节就是橙黄橘绿的时节，大概是看中了橘子的嘉美，屈原称橘为“后皇嘉树”，橘子“青黄杂糅，文章烂兮”，色彩斑斓，味香肉美。由此也可见苏轼豪迈超脱的襟怀。

寻常一样窗前月

寒夜客来茶当酒，竹炉汤沸火初红。
寻常一样窗前月，才有梅花便不同。

杜耒《寒夜》

作者杜耒，南宋盱江（今江西临川）人。寒夜有客人过访，以茶代酒相招待，竹炉中的火正旺，水方沸，刚好沏茶。窗前的明月和平常一样，但窗外开了几株梅花，似乎月色也就不同了。

客人寒夜过访，主人欣然以茶代酒相待，可见客人定非俗客，非为俗事而来，一定是交谊深厚、情趣相投的老朋友。夜虽寒，可有红炉热茶，再加上主客之间的热情，这寒夜也就温馨了。主客二人，一对知己，以茶代酒，剪烛夜语，尽情尽性，忘了昨天、明天，也忘了世上还有他人他事，的确是难得的精神享受，此中之乐，实不足与外人道也。窗前的明月虽与往常没有什么不同，可是窗外的几株梅花开了，气氛也就不一样了。寒夜中梅花初开，暗香浮动，平添了几分生气，给人的感觉当然就不寂寞，而是滋生着希望了。窗外的明月和梅花，作为窗内品茗对语的主人客人的背景衬托，当然也就是和谐的了。因为客人的到来，使主人清冷的夜晚平添了喜悦，而梅花的初开使寒冷寂静的月夜平添了生气，在这里人情和物理是恰巧碰到一起了。

学习这首诗，我们要注意的是作者以动作写心情、以绘景写心情的写作方法。读诗时我们感到作者的心情是异常的喜悦，可是他没有说一个字，先是以“茶当酒”、炉内“汤沸火初红”等外在行动事物来间接表现的。主人因何喜悦，当然是因为这知心的朋友夜间来访了。诗中没说是应邀还是造访，但客人的到来确是主人盼望、高兴的事，这使漫长、寂寞的寒夜变成了人生的好时光。那么这是个什么样的客人呢？诗人也没说，但他通过景物描写的暗示我们了。“寻常一样窗前月，才有梅花便不同”，主人的日子平常时没有令人兴奋激动的事，但这晚不一样，就如同月夜中梅花突然开放一样，这样，梅花就是暗指客人。可见，客人是个有品德节操的君子。同样，主人窗前庭院中有梅树，夜晚关注梅花的存在，那当然也不是凡俗之辈吧。以对事件、景物的描写来表现人的心情、人的性格品质，而又那么恰当自然，就是这首诗的成功之所在。

有根寒谷也春回

行尽荒林一径苔，竹梢深处数枝开。

绝知南雪羞相并，欲嫁东风耻自媒。

无主野桥随月管，有根寒谷也春回。

醉余不睡庭前地，只恐忽吹花落来。

张道洽《梅花》

作者张道洽，南宋衢州开化（今属浙江）人，以写梅花诗而著称。这首诗特别之处不在描写梅花的姿容，而着力于梅的品性。诗人行至荒林野径尽处，见竹林深处透出几枝开放的梅枝来。她最清楚南方之雪易融，羞于与之为伍，也不屑自己做媒嫁给东风。她在野桥边的月下开放，在深山寒谷中逢春也自发。我醉后不敢睡在庭前梅树下，恐怕风吹梅花落在我身上，梅花受了酒气的熏染。

这首诗的立意在于写梅的“类品质”，而不是描写具体景物，所以对梅的描写是粗略的、列举式的、评价式的，是关于梅的普遍性、概括性的形象。在诗人笔下，梅有几种品性呢？其一，生长开花于野林深处，有自在疏世的野性。其二，不畏寒冷，意志坚强，南方之雪虽然强于梅花三分白，但它易于融化，不如梅花不易凋落，所以梅花羞于与南雪为伍。其三，不喜炫耀风情，取悦于春风，有自矜自爱之操守。其四，随遇而生，伴野桥归月管，也无须世人栽培莳弄。其五，生命力强，只要有根扎于石土中，逢春则生发。其六，即使被栽植于世人庭院身入“俗世”，也保持高洁，不与之合污。诗人历数梅的品格种种，可谓推崇备至。当然，梅的这些品格特征，无一不是诗人理想人格的表征，即人间真正的君子、贞女之象征。

“绝知南雪羞相并，欲嫁东风耻自媒”，写在作文中可以形容一个人品性坚贞，从不炫耀自己而引人关注或有意讨好别人。或者在议论文中谈自己的人格理想时，用这两句诗表达自己自爱自尊、清高自律的情怀。当然，一个不是这样品性的人，自己本身就喜欢表现自己，喜欢讨好别人，对这两句诗的寓意并不认同，那就很难在作文中运用。

“无主野桥随月管，有根寒谷也春回”，当我们作文运思中想到追寻自由任性的生活，意欲回归大自然，领略自然境界中的人生意味，想到自然中生命力的顽强、坚韧，就可以引用这两句诗来抒情言志，作为抒情、议论的引子。也可以作为描写句子使用，用在对草木不择地而生、逢春生发的特性描写，有这种本性特征的当然不仅是梅树。

死亦为鬼雄

生当作人杰，死亦为鬼雄。
至今思项羽，不肯过江东。

李清照《夏日绝句》

李清照，号易安居士，齐州章丘（今山东章丘西北）人，南宋著名女词人，也作诗。这首诗是一首咏古诗，作者借项羽的故事表现自己的人生准则，在当时传诵很广。诗的大意是：活着要活得意气风发，做人中的豪杰；死也要死得悲壮激烈，做鬼中的英雄。直到今天我们还特别思念项羽，他不肯退避江东。

诗人在此用楚霸王项羽的故事来表明自己的心志。项羽是公认的英雄，活着时有着“力拔山兮气盖世”的豪情，曾叱咤风云于一时。但在垓下之战中，项羽被刘邦打败，全军覆没，有人曾劝他隐居江东，以图东山再起，但被他拒绝，以“无颜见江东父老”而自刎。这种生为人杰、死为鬼雄的豪壮气概是很值得我们学习的。人活着不能庸庸碌碌，虚度年华，而应活出个样儿来，活得潇洒，活得有气节，为自己的奋斗目标而努力。但是“天有不测风云”，我们在奋斗的过程中可能会遇到很多困难，遭遇挫折，甚至前功尽弃，但我们不能在困难和挫折面前低头，不能屈服，而应时时高扬起我们的头颅，即使失败也不气馁。

在作文中，我们常常要作这类的题目，比如谈谈理想啦，说说人生观啦，对某某英雄怎样看待啦，等等。如果谈自己的想法，那么，可以表述自己“生当作人杰，死亦为鬼雄”的豪情壮志，把自己的抱负展示出来。每个人都想出人头地，都想与众不同，虽然未必人人都能如愿，但这种精神是万万不可缺少的。特别是在当今社会的环境中，确实是“海阔凭鱼跃，天高任鸟飞”，如果有这种豪情壮志，有战胜困难的信心，那么美好的目标还会离我们太远吗？

遥知不是雪，为有暗香来

墙角数枝梅，凌寒独自开。
遥知不是雪，为有暗香来。

王安石《梅花》

王安石，字介甫，江西临川（今江西抚州）人，宋代思想家、文学家。这首诗的大意是：墙角的几枝梅花，冒着严寒独

自开放。远远地就知道那不是雪，因为隐隐地飘来阵阵的香气。

这是一首歌咏梅花的佳篇。因为梅花开在严寒的季节，百花凋零，只有它一枝独秀，傲然挺立，迎风斗雪，报道着将至的春讯。又因为梅花的花朵洁白，没有杂色，所以人们往往赋予梅花以傲霜凌雪、不畏严寒、纯洁高尚的品格。

“遥知不是雪，为有暗香来”，这两句诗既写出了梅花的色，又传出了它的味；既写出了梅花的外在形象，又刻画出了梅花的内在气质，令人叫绝。在不为人知的墙角处，几枝梅花开得晶莹剔透，洁白无瑕。繁花似雪，但不是雪，它还有一股“暗香”在浮动。诗中的“暗香”二字用得很妙，令人产生联想。何为“暗香”？我想它应是一种淡淡的，似有还无、时断时续的，连绵不绝的香气。严寒既压不倒梅花的色，也压不住它的香，通过色和味的这种梅花外在形态的描写显示出它的傲骨，传递出梅花的精神。因此说这两句诗是咏梅花的千古佳句，历来为人们传诵和引用。梅花的精神可以用来比喻人物的高尚情操和美好品质，所以写文章时，我们写的主人公如果具有梅花的这种品格，就可以引用这两句诗来歌颂他高洁的气质、不屈的傲骨、脱俗的神采，以及坚强的个性。

这两句诗是写梅花的，但我们在写景时，特别是描写雪景时，可以引用它来衬托雪景，增添雪中的情趣，把琉璃世界白雪红梅的意境点染出来，给人以美的享受，并使人在这高洁、典雅的氛围中受到精神上的陶冶。

可使食无肉，不可使居无竹

可使食无肉，不可使居无竹。
无肉令人瘦，无竹令人俗。
人瘦尚可肥，士俗不可医。
旁人笑此言："似高还似痴？"
若对此君仍大嚼，世间那有扬州鹤！

苏轼《於潜僧绿筠轩》

於潜僧，名孜，在於潜县南的寂照寺出家，居住在绿筠轩，轩外种满竹子。这首诗借竹子来歌颂人的高风亮节，批判物欲横流，通过鲜明的对比，指出人活着应该追求高雅的气节。全诗的大意是：人活着可以让他吃食里没有肉，但不可以让他的住所没有竹子。没有肉食只能使人瘦削，没有竹子则令人俗气。人瘦了可以让他长胖，但人俗气了却不可医治。有人讥笑这个言论："是高明还是傻气？"如果对着竹子而大嚼肉食，人世间哪有"腰缠十万贯，骑鹤上扬州"这等美事！

"可使食无肉，不可使居无竹"这句诗富有情韵，满含哲理，"写出了物质与精神、美德与美食在比较中的价值"（引自《宋诗鉴赏辞典》）。一个人，最重要的是思想品格和精神境界。只要有了高尚的情操，就会卓然为人，胸怀豁达，不畏强暴，高风亮节，反之，就会追逐名利，媚态俗骨，丑行毕现。

所以，人活着应该有点精神追求，这种追求是永恒的、令人敬佩的。可能有人会说，我活着既要有物质的满足，同时还能有精神的追求，这是人生的一种理想境界。如果不能兼得，“鱼与熊掌不可得兼”，那么怎么办？“舍鱼而取熊掌者也”，取那价值高的，即精神追求。有了这种追求，人才活得有意义，像雷锋、孔繁森等令人赞颂的典范那样，活出人生的最高境界。反之，像陈希同、王宝森之流只知追求物质享受，物欲横流，那只有陷入贪欲的泥潭而不能自拔，成为人们千古耻笑的对象。

贫亦其能奈我何

锋镝牢囚取次过，依然不废我弦歌。
死犹未肯输心去，贫亦其能奈我何。
廿两棉花装破被，三根松木煮空锅。
一冬也是堂堂地，岂信人间胜著多。

黄宗羲《山居杂咏》

作者黄宗羲，字太冲，号南雷，浙江余姚人，明末清初思想家、史学家。这首诗抒写作者刚直不阿的政治信仰和人格操守。面对刀箭牢狱，我照样弦歌不辍；面对饥寒交迫，我仍能安之若素。死亡不能迫使我内心屈服，贫困又能奈我如何。

作者父亲是明末东林党人，被宦官魏忠贤迫害致死。崇祯帝即位，惩治阉党，黄宗羲进京为父鸣冤，与阉党对簿时，携铁锥刺许显纯、李实等阉党，被许为“忠臣孤子”。后宦官势力复起，黄宗羲为首的江南复社诸君子又与之坚决斗争。李自成农民军攻陷北京，崇祯帝自杀，明亡，南明弘光政权在南京建立，宦官余党得势，黄宗羲几遭毒害。不久清兵南下，他在故乡招募乡民成立“世忠营”义军抗清，兵败退入四明山，结寨自固。后南明亦亡，黄宗羲逃脱危难几经迁徙返回故里，以授徒著述为业，清廷数次征召，力辞不应，以至终老。这首《山居杂咏》旗帜鲜明地抒发了自己的政治态度和道德操守，三军可以夺帅，匹夫不可以夺志。难得的是作者真正实践了自己的誓言。

“死犹未肯输心去，贫亦其能奈我何”，这两句诗读之容易做起来难。生死事大，普通人很难放得下生死，面对屠刀酷刑，投降变节的人多的是，唯真正的英雄豪杰、仁人志士才能凛然不惧，乃至从容弦歌。魏晋之际的嵇康就是这样一个人。司马氏决定杀他，在洛阳城东建春门外的刑场上，面对屠伯，他镇定自若，要来五弦琴，弹奏一曲《广陵散》，叹息说“广陵散于今绝矣”，从容就义。富贵贫贱的诱惑煎熬也颇能改变人的信念，消磨人的意志，有时作用比死亡的威胁还要大，与黄宗羲同时代的洪承畴、吴三桂等不都因此被招降的吗？自来贫贱尚可忍受，但由富贵而沦为贫贱令人难忍，眼前就有机会变贫贱为富贵，而要放弃就令人难为，这时候人的信念就可能改变，意志就容易动摇。正因其难为才显得尤其可贵。世上有超越生死富贵贫贱价值的事物吗？有，那就是真理与人格。这两句诗在作文中一是可用于对历史人物的述评，二是可借以表示个人对人生真理追求的坚定不移。

宁可枝头抱香死

花开不并百花丛，独立疏篱趣未穷。

宁可枝头抱香死，何曾吹落北风中。

郑思肖《寒菊》

作者郑思肖，字忆翁，南宋末连江（今属福建）人。太学生，宋亡隐居苏州。这是一首托物言志诗。菊之为花，其开放时期在秋后，不与春夏季的百花一起凑热闹，自立疏篱斗秋风也自感无穷的乐趣。寒霜期至，菊花不谢不败在枝头上被冻而死，不曾被北风吹落刮走。

被咏之物是一个，但诗心有千万种，因诗心用思不同，其所见所感的物也就有不同的意味。诗的前两句描写基本上是与其他诗家相同的，即菊的客观生性特征和陶渊明以后诸多诗人对它的审美评价。唯有这后两句描写含议论，是诗人所独见独感，言人所未道。的确，菊花开于晚秋，是静静地开，矜持地开，花期持久，花瓣不谢，我们见它往往未萎未谢就全被冬霜冻死在槛外篱边，何曾与人家“百般红紫斗芳菲”？何曾“嫁与东风不用媒”？空篱旧圃不怕寂寞，冷月清霜不知忧愁。其他的花卉都是由盛而衰，自然谢落飘零，完成生长历程，只有菊在秋冬交接之季开花，被突然降临的严霜寒风冻死。它的花瓣不曾凋谢，不曾随风飘零，所以宁可“枝头抱香死”，“不曾吹落北风中”是一个难得的发现，或者说别人未曾注意这一点。

当然，这两句诗是有寄托的，明为写菊花，实际在写诗人自己的志气。宋亡，作者为亡国遗民，是全贞尽节，还是为生存或富贵归顺新的王朝，这是那个时代文人士大夫都必须面对并要加以选择的问题。当然，大部分是选择了后者，当时，诗人汪元量描述道：“昨日太皇请茶饭，满朝朱紫尽降臣。”激烈者如文天祥、谢枋得舍生取义，以死见忠节。坚忍不屈者如作者，隐居不仕，自甘贫寒，都是颇见气节的。“宁可枝头抱香死，何曾吹落北风中”，即誓言如被强迫，宁可取死，决不变节屈志事新朝。

今人作文使用这两句诗，一是用以自勉，崇尚气节贬斥势利。有奶便是娘，屈服变节，为世人所不齿。这是中华文化的优良传统之一，理应被继承。二是用以咏赞历史上的或现实中的有节操的人士。

我自横刀向天笑

望门投止思张俭，忍死须臾待杜根。
我自横刀向天笑，去留肝胆两昆仑。

谭嗣同《狱中题壁》

作者谭嗣同，字复生，湖南浏阳人。清末维新变法中坚人物。光绪二十四年（戊戌），因荐入京，任四品军机章京，参加

康有为、梁启超维新集团。变法失败，拒绝东渡日本流亡，慷慨陈词曰：“各国变法，无不以流血而成，中国未闻有因变法而流血者，此国之所以不昌也，有之，请自嗣同始！”被捕入狱，与林旭、刘光第等同时被害，史称“戊戌六君子”。这首诗就是他临刑前在狱中所作，表示他生死不改的报国之心。诗的前两句引汉代张俭、杜根的事作比喻，说自己为之奋斗的变法维新事业是正义的，为人心所向。后两句说自己在危难中横刀向天大笑，决不放下武器，不论是留下战斗至死，还是逃亡以图将来，都如昆仑山般崇高。

张俭是东汉末地方官吏，曾弹劾宦官欺压百姓，未成，为逃宦官报复陷害而流亡。官府追捕，他望门投止，人们都敬重他的名节德行，甘冒风险接纳他。杜根是东汉安帝时郎中，当时太后临朝摄政，外戚弄权。他上书要求太后还政于皇帝。太后怒，令人将他装在布袋里在殿上摔死。执法人同情他，手下留情，载出城外使其苏醒逃亡，隐名于酒店当伙计。后太后被诛，他得以回朝，升为侍御史。这两则历史典故的使用表示他对出逃的同党的期望，他们的政治理想、变法事业终会成功。后两句也有具体事实（现典）所指。“我自横刀”，慈禧发动政变，废光绪，捕杀新党，谭嗣同留下来纠合“侠士”数十人营救光绪，未成而被捕入狱。“去留”“两昆仑”，临危之机，他劝梁启超赶快逃出去，说：“不有行者，无以图将来；不有死者，无以召后来。”

“我自横刀向天笑，去留肝胆两昆仑”，这两句诗不同于一般的誓言口号，从中可看出这样几点：其一，诗人的无畏大勇；其二，诗人的高度理智，临危不失策；其三，高度自信，对自己从事的事业的正义性、崇高性坚信不疑。总之，我们从其中见到的是一个战士、一个政治家、一个理想主义者三位一体的形象。记住这首诗和这个人，作为讨论爱国主义精神的资料。

又挟风雷作远游

一雨纵横亘二洲，浪淘天地入东流。
劫余人物淘难尽，又挟风雷作远游。

梁启超《太平洋遇雨》

作者梁启超，字卓如，号任公，广东新会（今江门市新会区）人，近代著名政治活动家、学者。1898年，“戊戌变法”失败，慈禧大肆捕杀新党，作为新党的中坚人物，梁启超流亡海外。在从日本去美洲途中，写下了这首即景抒情诗。如诗题所说，诗人乘船航行于太平洋上，遇暴雨大作，其景象壮阔无与伦比。太平洋东接美洲，西连亚洲，诗人想象雨势横亘两大洲的天地巨观。海洋巨浪滔天似将天地淘洗干净，航船顺流而东。后两句转入人事描写。诗人自己劫后余生，大难未死（这里是反用苏轼“浪淘尽、千古风流人物”之意），但变法信念不改，胸怀风雷之志远走海外。

这首诗的好处有两点。一是境界极为壮阔，引发我们顿生崇高之感，心胸为之振奋。这是无此真实经历的人写不出来的。二是这种天地巨观引发的豪情壮志极具感染力，诗人为我们展示了一个胸怀博大的心灵世界，主人公似有海洋风云般的力量。一个立志干一番大事业并实际上干过大事业而后遭失败，劫后余生的人遇到这样的天地奇观大景而不生畏惧，反而激发信念斗志，真是极难得的人生体验、审美感受。我们间接地感受到这个境界就已很激动了，想象可以带我们去设身处地。由于这首诗与特定的人物、背景直接相关，在一般的作文中不便直接使用。不过我们可以学习它借景言志、情景结合自然的写作手法。体验作者的感受，丰富我们的情感。

落红不是无情物

浩荡离愁白日斜，吟鞭东指即天涯。

落红不是无情物，化作春泥更护花。

龚自珍《己亥杂诗（其五）》

作者龚自珍，字璱人，号定盦，清代浙江仁和（今杭州）人，著名学者、诗人。清道光十九年（1839）岁次己亥，龚自珍辞官归杭州，又北上接眷属，于往返途中作杂诗，至次年春共得三百一十五首，统称为《己亥杂诗》。这首诗编为其五，写行吟中的离愁别绪。前两句写诗人离归途中满腹惆怅，对帝都依依不舍。吟鞭即诗人的马鞭，意指诗人在马上行吟。杭州在北京东南，因是辞官，可能再无机会回帝都了，所以京杭之间有如天涯。三、四句是咏物喻志，说自己对国家的忠贞之心不会因辞官而改变，进退如一。归途正值春季，到处见落花，花落离枝，于树于果已无用，有似诗人辞官去国。

古时的文人官吏，仕途乖逆是常有的事，或遭贬迁，或被迫辞官。龚自珍这次辞官是因为对时政不满意，“动触时忌”，因此是不得已的，内心对朝廷是放不下的。宋代的范仲淹在《岳阳楼记》中这样描述文人士大夫的情怀：“居庙堂之高，则忧其民；处江湖之远，则忧其君。是进亦忧，退亦忧。”龚自珍的心情正是如此。

“落红不是无情物，化作春泥更护花”，这两句诗表达一个人对某一对象忠贞不贰的感情，即使被抛弃了，人家认为他无用了，也不会改变。如父母与儿女之间、情人之间、兄弟手足之间、朋友之间乃至个人与国家民族之间，都可能产生这种无条件的“一厢情愿”的关系，它不讲对等，不在乎回报，只讲奉献，有几分宿命的悲酸意味。

要留清白在人间

千锤万凿出深山，烈火焚烧若等闲。
粉骨碎身浑不怕，要留清白在人间。

于谦《石灰吟》

于谦，字延益，钱塘（今属浙江）人，明代著名诗人，又是一位民族英雄。《石灰吟》这首诗的大意是：经过千锤万击把

石灰岩从深山里采出来，它被烈火焚烧像平常事儿一样。粉身碎骨全都不惧怕，要把清白留在人间。诗人在此以石灰自喻，表明自己要像石灰那样，经得起现实的千锤百炼，把自己美好的品格发扬光大。

“粉骨碎身浑不怕，要留清白在人间。”这是诗人于谦一生的真实写照。于谦的一生正逢乱世，他在世风的考验面前，坚持正义，大义凛然，清白正直，表现了一个民族英雄的气节。同时，作为一名廉洁、正直的清官，他廉洁奉公，刚直不阿，展示了坚贞的情操和伟大的人格。

这两句诗我们在作文时可以运用，当我们写表现人生观和人生价值这类主题的文章时，可以引用这两句诗，表现自己的价值观和人生理想。人活着应该有所追求，在当今物欲横流的社会中，更需要有“粉骨碎身浑不怕，要留清白在人间”的这种精神。人的一生是不平坦的，就像走一条崎岖坎坷的小路，途中有荆棘，有路障，要想轻松顺利地通过是不可能的，必须披荆斩棘，付出艰辛，战胜坎坷，才能踏出一条自己的路来。所以就应有一种“粉骨碎身浑不怕”的劲头，不达目的誓不罢休。同时你的目的应是符合人民的需要，顺应时代的潮流，这样你才能活得有意义、有价值。这两句诗特别适合在议论文的写作中引用，用来作文章的论点。也可以用这两句诗引出于谦的事迹作论据，来歌颂正直、清白、坚强的人生追求。同时，在记人记叙文中也可以引用，表现主人公坚强、正直的志向。

且教桃李闹春风

枝间新绿一重重，小蕾深藏数点红。
爱惜芳心莫轻吐，且教桃李闹春风。

元好问《同儿辈赋未开海棠（其一）》

元好问，金代著名诗人，号遗山，太原秀容（今山西忻州）人。这首诗的大意是：花枝间新生的嫩叶一层又一层，小小的花蕾深深地包藏着几点红色，爱惜芳心不要轻易地开放，暂且让桃花李花在春风中嬉闹吧。这是一首咏物诗，是歌咏海棠的。海棠是名花之一，历代诗人多有歌咏，有赞它花开妩媚的，有歌它高傲独异的。而元好问的这首诗却称颂它的深藏不露。是啊，在万紫千红的春季，花儿们都竞相绽放，露出花蕊来一展自己的芳容，特别是桃花和李花，春风一吹，它们就按捺不住自己的急性子，你不让我，我不让你，竞相吐蕊展艳。但是花的寿命是极其短暂的，开得早，谢得也快，在经历了一阵争奇斗艳之后，花儿们就匆匆地凋零了，只有海棠花冷静地观看万花的由开而败，谨慎地展开自己的芳颜，在清风的吹拂下，吐出自己的芬芳。

“爱惜芳心莫轻吐，且教桃李闹春风”这两句诗，富有深刻的哲理意味。有一句话“是金子总是要发光的”，说的也是这个意思，即做什么都要沉住气，沉稳谨慎，不要去凑热闹，在时机还不太成熟时就过于锋芒毕露。有的时候需要的是城府，需要的是深藏不露，而到关键的时刻，偶尔露“峥嵘”，显示出自己的实力。不过年轻人往往心高气盛、血气方刚，总想尽早展示自己的才华，实现自己的抱负，所以他们就像桃花李花那样争先开放，最后匆匆收场。记得有句名言说得好，谁笑到最后，谁笑得最好。我们应该像海棠花那样，“爱惜芳心莫轻吐”，争取笑到最后，笑得最好，这也是人生应该追求的一种境界。

我们在作文时，可以引用这两句诗表达上述的意思，特别是用于对急躁轻率的年轻人进行劝诫时，或者是用于表述我们的这种境界时，引这两句诗，可以增强文章的诗意和形象感。

妄谓古今才

常恨谢灵运，不见李太白。
妄谓古今才，于人止一石。

崔述《论诗》

作者崔述，字武承，号东壁，清代大名（今属河北）人，著名学者。这首诗批判人妄言自大，对人对己的评价都没有客观求实的态度。谢灵运是南朝宋时著名诗人，出身望族，祖父是秦晋淝水之战东晋一方的主将谢玄。谢玄和叔父谢石、族弟谢琰一起率八万晋军击溃前秦苻坚的百万之众，建立奇功，被

封为康乐县公。所以，谢灵运是极有代表性的乌衣子弟。唐朝刘禹锡诗中“旧时王谢堂前燕，飞入寻常百姓家”中说的谢家，就是指他们这个家族。谢灵运从小受过良好的教育，少负才名，后来他作山水诗，成就很高，后人评价他的诗“如初发芙蓉，自然可爱”，“如芙蓉出水”。诗作之外，他还有佛学论著，又兼通史学，工于书法。高贵的出身、杰出的才华使他颇为自负，曾有言：“天下之才共有一石，曹子建独占八斗，我得一斗，天下共分一斗。”他推崇曹植，又颇为自许，这本来是文人常情，但他打的这个比方，就显得狂妄，虽说尊曹植是天下绝对第一，但他与曹植“萧条异代不同时”，这样在当时他自己就是天下绝对第一。所以崔述这首诗中说，如果谢灵运晚生几百年，看到李白更加才气纵横淋漓的作品，当会觉得自家的话武断荒唐，生惭愧之心。

“常恨谢灵运，不见李太白”，崔述的感叹，的确触发人的联想。历史上、现实中如谢灵运这种过分自负的人太多了。尤其在文艺界、学术界，有人自视“老子天下第一”，其实有的人才华是很有限的，即使在某方面是高人一筹，也大可不必因此口出狂言。这两句诗可以作为批评人狂妄自大的论据或话题应用于作文中。

写作技巧

昔我往矣

昔我往矣，杨柳依依；
今我来思，雨雪霏霏。

《诗经·小雅·采薇》

《诗》，又称《诗经》，是中国最早的诗歌总集，相传是孔子汇编成书的，至今已有近两千五百年了。共有三百零五篇，大都是西周初至春秋中叶五百年间的作品。分《国风》（原叫《邦风》，汉儒为避刘邦讳改邦为国）、《小雅》、《大雅》、《颂》几大部分。这篇《采薇》选自《小雅》，全篇共有六章，内容是戍卒在归乡途中抒唱的哀歌。途中饥寒交迫，更想起戍边以来的岁月艰苦、思乡的迫切，边叙述，边抒情，叠沓悠长，歌咏不歇。这最后一章诗文是：

昔我往矣，杨柳依依；
今我来思，雨雪霏霏。
行道迟迟，载渴载饥。
我心悲伤，莫知我哀。

大意为：当时我离开家乡从征的时候，是春暖时光，风拂杨柳枝条，轻轻飘荡；如今我归家乡，正值隆冬，大雪纷纷，一片白茫茫。路远途长，饥饿难当。我心里真是凄凉，可有谁知道我的忧伤。

我们作文可以在两种情况下引用这两联四句诗。

一是用于咏物，即描写物貌。杨柳在仲春时返青发芽。柳树在刚刚泛黄抽条的时候，细韧柔弱，微风拂来，袅袅不定，就像想要依在什么东西上那样，惹人怜惜同情。“杨柳依依”，用“依依”来状写仲春柳貌，贴切而又传神。后世的诗词文章中，“杨柳依依”或“依依杨柳”之句最为常见。“雨雪霏霏”，“雨”在这里用作动词，“雨雪”就是落雪、下雪的意思；“霏霏”一词形容空中雪花大而密集地下落的状况，同时又有象声拟音的意味，似乎是雪花落地的声音，状物可谓形声兼具。“雨雪霏霏”较之“大雪飘飘”“雪花翻飞”之类不仅文雅，也多了一层体物之妙的味道。

二是用于暗示人生境况不胜今昔的对比。或如世态炎凉，或如物换星移，人事已非，当事人自有不胜今昔之感伤，引用“昔我往矣，杨柳依依；今我来思，雨雪霏霏”，多少情怀委曲都可借此起兴，甚至借此表达，不用再直言其人其事，其效果将事半功倍。

还有一点应注意，或因这首诗用“依依”一词来状写柳貌，到了汉代长安，文人送别以折柳相赠，取其依依不舍、情意绵长之意。而《折柳》又成为乐曲名。李白《春夜洛城闻笛》：“谁家玉笛暗飞声，散入春风满洛城。此夜曲中闻折柳，何人不起故园情。”

呦呦鹿鸣

呦呦鹿鸣，食野之苹。
我有嘉宾，鼓瑟吹笙。
吹笙鼓簧，承筐是将。
人之好我，示我周行。

《诗经·小雅·鹿鸣》

这诗出自《诗经·小雅》，篇名《鹿鸣》，为周代贵族宴客之歌。全诗共三章，这是第一章的诗文。

全诗的大意是，我以美酒佳肴及音乐宴乐我的朋友，而我的朋友都是有懿行嘉言的人，他们喜爱我，告诉我为人处世的大道理，他们都是君子学习的榜样，和他们相处，使我受益匪浅。主宾相得，其乐融融。

在周代宴乐宾朋，是上层贵族社会极常见的社交方式。但并不是酒肉朋友、势利之交。诗中主人公不言朋友通财之谊，却感谢朋友“示我周行”——告诉我为人的至理；不夸其宾客势位显赫，却表彰他们“德音孔昭”“视民不恌”——德望昭著，人民敬重。可见，古人所重交的是良朋益友。

全诗三章都以“鹿鸣”起兴，也是有喻义的。“呦呦鹿鸣，食野之苹。”呦呦者，鹿鸣之声，鹿在野遇有“苹”、有“蒿”、有“芹”等可食，必呦呦鸣叫以呼同类共食，这与人类享乐与共很相似，诗人受此启发联想到人际交友的道理。古人十分讲究人际享乐与共，如子路对他的老师孔子说自己的志向是“愿车马，衣轻裘，与朋友共，敝之而无憾”就是一例证。

读此诗使我们得到两点启发。其一，人生需要朋友，但不仅是困难之际相济相助，尤其是富贵享乐的时候也要与朋友共享，有好处不要自己独占，世间常常是困难时才需要朋友，富贵时怕人分享则绝朋友。其二，择友交际不仅要看是否和自己趣味相投，更看重对方的德操人品，交友不是交财、交势，而是交人，世上人们最多见的是势利之交、互用之交。在表达上述两种情绪、感受的时候，我们都可以引用这两句诗以申其意，而这两种情况也是我们在生活中常常会遇到并加以思考的。

宜其室家

桃之夭夭，灼灼其华。

之子于归，宜其室家。

《诗经·国风·周南·桃夭》

这两句诗出自《诗经·国风·周南》，篇名称《桃夭》，其实等于无名，取诗文首句两个核心字词作篇名以便指称。《诗经》中篇名多是这么来的，后世的许多无名诗也采取这种办法称名。《桃夭》全篇如下：

桃之夭夭，灼灼其华。
之子于归，宜其室家。

桃之夭夭，有蕡其实。
之子于归，宜其家室。

桃之夭夭，其叶蓁蓁。
之子于归，宜其家人。

本诗是对将作新妇的姑娘夸赞祝贺之词。三章都以咏桃起兴，以喻这位将嫁女子的美貌、美资、美质。第一章大意是：桃树身姿娇秀俊丽，开着繁盛明艳的桃花。这女儿要出嫁了，必定将福运带进她的夫家。第二章说桃子将熟，红白相间，丰腴滋润。第三章说桃叶绿绿而茂秀。总之，小桃树生机勃勃，姿美，花盛，果美肉肥，枝叶繁茂。这一切恰似这将出嫁的姑娘，她是会给夫家带去欢乐幸福的淑女佳人。

这首诗大概是后世用桃花形容女子美貌丽质的开始，古诗文中随处可见。如唐代崔护《题都城南庄》：“去年今日此门中，人面桃花相映红。人面不知何处去，桃花依旧笑春风。”清初孔尚任戏文《桃花扇》也是此寓意。

这两句诗作文中可用作对女子结婚的祝贺之词。也可以用在记叙文中，记一个自己熟悉喜爱的、品貌皆好的姐妹出嫁前怎样，出嫁后又如何，像旧小说中“有诗为证”那个样子。

在水一方

蒹葭苍苍，白露为霜。

所谓伊人，在水一方。

溯洄从之，道阻且长。

溯游从之，宛在水中央。

《诗经·秦风·蒹葭》

这四句诗出自《诗经·秦风·蒹葭》。此诗抒写想要寻访意中人而不可得。全诗共三章，每章前两句通过景色描写点明季节，后六句写无论是顺流行还是逆流走，都到达不了“伊人”所在之处。第一章如引文，大意是：芦苇茂密长长，露水都变成了白霜。我思念的人啊，她在水的另一方。我想逆流而上去访她，路途险阻又漫长；我若顺流而下去找她，她又好似就在水中央。

诗的第二、第三章与第一章词句略有改变，内容基本一样，不过往复迭沓，加强又延长了诗的情绪意味。无论如何，那美人都是可思而不可求，能想见而无法实见。

读此诗对我们作文有两点启示。

其一，以实写虚，或叫以实衬虚。“伊人”名如何，貌如何，品如何，与我曾有何际遇，诗中都没写，不是不能写，而是不必写，一写就俗，不写倒留下了余味，令人遐思，所以不写胜似写。而实写的呢？是此景此情：白露为霜的秋晨，我面对芦苇茫茫，隔着秋水，想着如何去寻访我的意中人。我想沿着河岸往上游去寻访她的踪迹，但她隔水难及，我又想顺水路去找她，她好像被水包围着，无法近前。“伊人”这样令我向往，一定丽质贤淑，中我情意；而又无从寻找，更增添了几分神秘空灵，令人遐思无限。这就是以实写虚的好处。我们写作文，对有些人物、景物、事件及过程等，也都可以采取这种方法，不必面面俱到，处处落实，留下虚处、空白处。但这虚处、空处不是“无”，不是“缺”，它可以通过成功的“实”处生发出来，烘托出来，所谓事半功倍。

其二，此诗的内容可能完全为想象之作，即抒情主人公生活中本没有遇过什么“伊人”，是他在秋晨水滨的心理想象，感受很真切，但很空灵，并非实情。这样“所谓伊人，在水一方”就有了象征意味，我们写作时，可用它表示一种虽不可及但也值得追求的人生理想。

桑者闲闲兮

十亩之间兮，桑者闲闲兮，
行与子还兮。
十亩之外兮，桑者泄泄兮，
行与子逝兮。

《诗经·魏风·十亩之间》

这是一首采桑歌。其大意是：十亩之大的桑园里哟，采桑的妇女们有多悠闲。收工喽，咱们一道把家还。来到十亩桑园外哟，回家的桑女们笑语熙然。回家喽，咱们一道把家还。

采桑、养蚕、缫丝、织锦，这是古代中国妇女最普通的劳作内容。衣食是人生最基本的保障，耕织为人生之本，缺一不可。这首歌描写了采桑妇女轻松从容的形貌神态及收工时的愉快心情，吟之咏之，感觉极为亲切自然。日出而作，日落而息，顺乎自然，自食其力，不是被迫的，而是出自内在需要的。这种劳动之于劳动者就是一种愉快，一种自由，这种劳动情景就有美感。桑园是美的，采桑人是美的，而发自她们内心的这首采桑歌也是美的。《诗经》中有一些描写田野劳作情景的诗歌如《芣苢》都是十分难得的珍品，这些都是劳动者的即兴之作，而正由于此才难得。梁启超认为这类歌谣即是美文：“歌谣是不会作诗的人将自己一瞬间的情感，用极短极自然的音节表现出来，并无意要它流传。因为这种天籁与人类好美性最相契合，所以好的歌谣，能令人人传诵历几千年不废，其感人之深，有时还驾专门的诗家的诗而上之。”

“十亩之间兮，桑者闲闲兮”，歌中的情景如今是难得一见的了，吟咏此歌则使我们想到了乡野乡民、耕织图景、田园风光，想到了陶渊明……回归自然、回归乡野，是许多现代人的心灵期盼，即使不能如愿，读一读这种歌谣也好。如果我们真的有这种机会，能亲自去观赏乃至参与乡村田园劳作，形容自己对那种情景的感受，用这两句诗就再好不过了。

故人从此去

步出城东门，遥望江南路。
前日风雪中，故人从此去。
我欲渡河水，河水深无梁。
愿为双黄鹄，高飞还故乡。

汉代《古诗·步出城东门》

此篇之作，一为惜别，二兼思乡，两方面写得浑然有致。前两句写诗人步行出了东城，遥望通往江南的大道。为什么呢？第三、四句说了，就在这个地方，一个乡亲故旧从这里南归了。第五句至第八句以比喻抒写自己惜友思归的愿望。我欲渡河南去，可恨水上无桥梁。那么就让我和故人一起化为一对黄鹄，展翅高飞一起回故乡吧。

从诗作来看，诗人与他的故人是南方人。诗人在北地一城中客居，或为官，或行商，或作幕，不得而知。就是在前天城东门外，风雪天气，诗人送别了南归的故人。送友已令人伤感，况又于客中送友，更多了几分凄凉。不只如此，友人是回到他们的老家去了，就更引发了诗人想家的哀愁。诗的最后四句均用比喻以抒写心情愿望，可见诗人是身不由己，有家难归也。否则，他为何在送走故人两天后，又来到城东门外这个分手的地方呢？

读此诗，我们应注意写作上的两个特点。其一，用平淡而简洁的叙述表达深刻的情感和较复杂的内容。如前四句，字面上毫无一语直接抒情，而是叙述现在自己所为，回忆前日自己何干。诗人一个人步行，未乘马未偕伴来到城东门外，遥望江南，必有极重的心事。“前日风雪中，故人从此去。”风雪中送故人，心中该如何凄凉。故人从这个地方走了，从那一时刻走了，恐怕也不会回来了吧，这一走或许就是久别以至永别。这种惜别之情，离索孤寂之情，虽未直言，但呼之欲出。其二，虚实相间，相辅相成。诗的前面是实写，后四句是虚写，虚写中又见其实，照应前面的实写，从虚写中交代了我与故人是同乡，他别我是回故乡去了，所以我前日既来，今日又来城东门外，是惜别而又思乡。此情为何如此执着难释？是我身不由己，有家归不得，事出无奈呀！写作上的好处须细心分辨才能体味。

吹面不寒杨柳风

古木阴中系短篷，杖藜扶我过桥东。

沾衣欲湿杏花雨，吹面不寒杨柳风。

僧志南《绝句》

诗作者僧志南，南宋时和尚，志南是他的号，僧是佛教中出家的男子统称，这里使用类似姓氏。历史上也有些和尚以释为姓的，意思和僧差不多，以别普通世俗社会中的姓氏。诗写主人公乘舟行春，在参天古木阴下系縻短篷船，拄着藜杖到桥东去。飘落的杏花似雨沾在游人的僧衣上，斑斑片片，吹动杨叶柳条的风吹到脸上都带有一丝暖意。

诗的内容是作者游春的观感。出家人喜爱田野风光，有游春之雅兴，且能写出这首七言绝句，相当难得。佛教传入中国后几百年间，被中国文化所改造，汉地僧人的心理具有鲜明的中国历史文化特点。出家而不厌世，热爱自然美，钟情书法、绘画，尤其诗词等世俗人的玩意儿。有一些人文艺造诣还相当深厚，他们有许多文艺遗产传下来，在中国思想史、文艺史上占有一席之地。就如僧志南这首绝句，与专门的诗人同类优秀作品相比，都毫不逊色。我们欣赏它就能窥其一斑而想其全豹。

现从写作上略作分析。前两句是叙述，记诗人的乡间春游之行，直叙其事，意味平淡。三、四句“沾衣欲湿杏花雨，吹面不寒杨柳风”，是写感，即诗人的生理感受，十分精彩。从意象的捕捉上说，诗人的观察力、感受力十分敏感。他直觉地抓住了最能呈现仲春特征的意象，如雨般飘落的杏花，似乎从依依拂动的杨柳处刮来的柔和的风。我们说它们是意象，指的是它们不仅是诗人用眼睛看到的客观物象，而且是写生理上的触觉、心理上的感动结合到一起的东西。眼见身触心感三者融为一体，物我合一了。这种东西，有诗才、诗情、诗思的人能用心造出来，用言道出来。僧志南所见的一般人也能见得到，但他感受到的别人不能感受到，或虽有朦胧感受但不能用诗心去体味。再从修辞上说，这两句是对仗，词性相对十分工整，词义也相对相称。虽出自诗人的思致营构，读后又感觉随意自然，本来如此，信口道出而已。

将事物的形状特性与人的感觉如此巧妙地结合在一起来写，本来平常的物象却有了不平常的意味。“吹面不寒杨柳风”，风是无形的，肉眼看不见的，诗人借杨柳拂动来说春风的姿态，用吹面不寒说春风的特性，真是巧妙极了。朱自清的散文《春》就引用了这两句诗，可以去参照体会一下。

细数落花因坐久

北山输绿涨横陂，直堑回塘滟滟时。
细数落花因坐久，缓寻芳草得归迟。

王安石《北山》

这是王安石居南京在钟山游春时写的即景诗。钟山呈现出一片翠绿，横陂水涨，曲直迂回的沟塘里的水潋滟生光。爱赏春花就坐在地上慢慢地数落英，春草绵绵使人流连忘归。

王安石写春的诗有数首，都是名篇。这首诗的出色之处，不在于把春的景貌生机写得生动出色，而是写了赏春人的动作情态，通过主体来反衬客体之美。主体自我的忘情是由于春日花草的诱惑，那春日之美当然不必言说了。春日的北山，落英缤纷，随风飘散，片片落地，覆盖点缀于春草芳甸之上，何其多也，如何数得过来？但诗中这句话却不是夸张之辞，一个被美的对象所吸引、为之痴迷的人，其行为情态往往是非理智的，不自觉的。他的心中完全被客体的形象占据，全部注意力情感力都在观感对象上。他忘记了时间空间，忘记了现实生活，甚至忘记了自己在哪里，现代心理学上把这种情况叫作审美移情。所以此诗写的是一种真实而又典型的审美移情体验。观赏风景，有走马观花者，有三五结伴边说边看者。但这些入景都不能深，因而动情也不能深，只有忘我地静观冥感，用自己的全部身心去接触、去拥抱、去融汇，才能真正领会审美对象的微妙，才能真正生发自己的情思想象之力。如果人们能做到这样，就能发现有许多可供我们观赏留恋的对象。到自然中去，忘记自我，静静地观，日月星辰，山川原野，花草树木，飞鸟走兽，甚至细小的昆虫都有无穷的趣味，都能使我们获得美感。看来，人们的审美能力、审美态度是需要自己去培养的。花草与赏花草的人互为条件才能有美，才能有诗。

“细数落花因坐久，缓寻芳草得归迟”两句是对仗句，极工整，又自然成趣，十分难得，须细细体会。

洛阳三月花如锦

掷柳迁乔太有情，交交时作弄机声。
洛阳三月花如锦，多少工夫织得成。

刘克庄《莺梭》

作者刘克庄，南宋莆田（今属福建）人，著名诗人、词人。这首诗咏黄莺兼赞洛阳之春美。诗题叫“莺梭”，是说黄莺

在林间上下远近穿飞，有如织布机中的梭子。时而在柳丛中，时而飞上乔木，情不能已，交交啼鸣像是操作织布机的声音。三月的洛阳城，花团如锦，漫无际涯，是费了你们多少工夫才织得成的？

黄莺是人们最喜爱的鸟之一。它们体态轻盈，鸣叫空灵悦耳，是春天的精灵。黄莺在林间穿梭般忙碌不停，看着它们那情状，诗人展开了奇妙的联想，莺飞如梭，它们这般劳碌是为大地织锦呢。可是莺儿那么娇小，偌大的洛阳春景，得花多少工夫哇？这里诗人使用了比拟，贴切而巧妙。这点恰恰是值得我们写作时学习的。所谓贴切，即相互比拟的事物之间一定要有某点相近之处，否则就叫拟于不论，恰当的比拟可以充分表现事物的特征和意义，效果较平铺直叙生动。所谓巧妙，是说比拟要出奇制胜，别出心裁，人人都用过的比拟不能再生发新意，难以激起读者的兴味，拙笨的比拟反而让人厌倦。因而成功的比拟是作者才智和用心的结果。这种手法来源于作者奇妙的想象力，作诗必借助想象力，所谓想象指的是诗人面对眼前的情景，但思维却自由地生发开去，由此联类驰想，眼前的东西连带出更多的东西，它的意境扩大了，加深了，变远了，乃至变形了，因而这时诗人笔下的景色、物象、事象等，都非眼中所见的客观对象本身之实际形态，而是带有强烈的主观色彩的意象、意境，即表现诗人个人情感、愿望、理想的东西。而想象力能够发动，则是由于诗人对美感对象的动情，即对象的形态深深地打动了诗人的情思，使他产生了审美态度，与对象建立了对应的审美关系，于是进入了审美感受和想象活动。感受得深而强烈，就会伴随想象活动。非想象不足以驰思骋怀，非想象不足以表达理想愿望。就这首诗来说，作者如没有对黄莺鸟儿身临其境的观察，并进而产生深切的心理感应，没有对这美好的精灵强烈的爱，是不会产生这美好的想象的。它们是世间神奇的织工，人间三月草长花开的美景不是别的，就是它们织出来的锦绣。

惟有葵花向日倾

四月清和雨乍晴，南山当户转分明。
更无柳絮因风起，惟有葵花向日倾。

司马光《客中初夏》

作者司马光，北宋名臣，著名史学家。诗写初夏景色，相当成功。四月天清明和暖，雨过乍晴，开窗望去，前方的南山尤其明净。随风浮动的柳絮没有了，所见的只有朝向日光的葵花。

这景象是作者客中所遇所见。虽很平常，无奇异之物、之事，但雨后乍晴，户对南山，客中悠闲也是不易得的。因此，诗人心情自是十分欣悦，有闲心闲情来观赏领略这初夏的景致。四月进初夏，雨略多起来，山也青了，经雨水淋洗，空气清新，就更显明净。暮春时到处漂泊的柳絮，也被春风带走了。剩下些许经夏雨一淋再也飘不起来了，东风无力百花残的景象不见了，此时唱主角的唯有向日葵，欣欣向荣，立于田中。

此诗纯为写景之作，因体制短，诗人抓住最有特征的物景加以描写，仅仅四句即勾画出一幅水墨意境画。诗是从空间上安排结构的，即先上后下，先远后近，层次分明，描述有致。先写天气、天空、远山，后写地上、眼前。高远位是大略形象，“雨乍晴”“转分明”；低近位是微观形象，近镜头，往窗前地上细看才见无柳絮飘浮，唯有一棵棵长立在田间的向日葵。这种安排虽有匠意，但不着匠迹，似乎就眼中所见，随意写来，尽情而已。这就是写作上的高明功夫。我们初学写作，要仔细体会人家的妙处，一首小诗流传千古，不可小看。眼高手低，马马虎虎是写不出好文章来的。

司马光是北宋的大官僚、大史学家，但能写出这么清新别致的景色诗来，可见古人政治才干、学问知识、文学才思都是不偏废的。这也是值得我们思考的。

黄梅时节家家雨

黄梅时节家家雨，青草池塘处处蛙。
有约不来过夜半，闲敲棋子落灯花。

赵师秀《有约》

作者赵师秀，南宋人。这首诗写夏天雨夜约棋友未至，主人苦等。在中国的淮河、长江流域，有所谓的黄梅天，即梅子黄了的时候（每年的入梅月份），阴雨连绵数日乃至半月不停。家家院里田里都积满了排不尽的水，青草池塘中蛙声一片。这种天气自然不能工作，不便出游，闲居无事，最好的消遣是下棋，所以诗人约棋友晚上来对弈。但是等到过了半夜，棋友也没来，诗人自然十分失望，孤独寂寞，但他毫无困意，仍然作自知无望的等待，自己闲着用棋子敲棋桌将灯花震落下来。

“黄梅时节家家雨，青草池塘处处蛙”，这是江南特有的夏日景象、氛围。说起来平常，人人眼中耳中有，但将它们提炼成诗句，成为夏天特征，却是别人笔下所无的，吟咏着顿觉欣然共鸣。诗句精练晓畅，对仗也很工整，音节和谐有致，朗朗上口。从写作上说，这是高度概括性的描写。它写的是江南梅雨季最普遍、最笼统的特征，是作者的总体经验和感受：眼观、耳闻、身历之后的知觉与想象的统一。因而千百年来，这两句诗一直是对江南雨季描写最有名的诗句之一，几乎家喻户晓，雅俗共赏。

就这首诗的整体来说，前两句写自然界的兴盛热闹、生机盎然，后两句写人间世界的静谧、寂寞。两者截然相反，却相互衬映，有动有静，有热闹有冷清。两相对照，各自的特征就更加突出。从诗人的感受来说，雨声蛙声频频入耳，外界的声动愈重，他就更觉寂寞难耐，他自己愈寂寞无聊，就更能感受外界声动的刺激。所以前两句在诗中不仅仅是作为生活事件客观背景的景物描写，而是整体情境描写的一部分。是前后互动、内外关联的，不是表面上的联系，而是深层的逻辑关系。

绿阴不减来时路

梅子黄时日日晴，小溪泛尽却山行。
绿阴不减来时路，添得黄鹂四五声。

曾幾《三衢道中》

作者曾幾，南宋赣州人，知名诗人。这是一首纯粹写景的诗，描述自己在三衢山中游行的观感。三衢山在浙江衢县。时节在梅子黄时，天气连日晴朗，诗人乘小舟泛于溪流间，行到水浅处即舍舟步行走山路。放眼看去，山中绿荫浓郁，一点儿也不逊色于来时路上的景色，并且多了几声黄鹂的鸣叫声。

这首诗的好处在诗人的审美感受和艺术表现两方面。从感受方面说，在三衢山中行游，一定会产生强烈的审美感受。天晴气新，泛舟溪谷，两岸青山叠翠，渐行渐远渐深，远离了尘嚣扰攘，忘却了人生琐事，一种恬然清悠之情、适性自由之感就会油然而生，身心全部沉浸在山光水色之中。何况溪中泛舟，可立可坐，悠悠起伏，别觉轻快舒缓，人如在画中。溪流泛尽上山道步行，慢慢地走，慢慢地观，细细地感，与在舟中的观感相较，又别是一番情趣。一路行来步行景移，但见蓊郁青翠，生机蓬勃，都是静态的美，悦人眼目。山中若是只见丛林绿荫，而不见动物的踪迹，不闻动物的声音，未免过于沉寂，美中不足。这“黄鹂四五声”真是幽谷妙音，婉转清丽，声声入耳，韵韵入心，虽然不多，都记数下来了，有这几声也就够了，足以让闻者惊喜，感受到山林中生命的美妙。有“看花之眼”，有“听鸟之耳”，有宁静易感之心，置身此境，必生优美之情。从艺术表现方面说，前两句为叙述，平平而起，直言其事。后两句为描写间有评议，“不减”与“添得”词语运用得很妙。说它们是感觉上的体验可以，说它们是诗人用思之后的结论也可。从修辞上看虽有选词炼句之迹，可在吟诵的语感上不觉得做作刻意。相反，这样的效果是将诗人美感的精微之处、与众不同之处巧妙地表达出来了。写夏景的诗文很多，题材相近，所见也相去不远。好的诗文作品为何不与他人之作雷同，就在于作品巧妙地表现了他自己那种独特的审美感受、独特的情思。这是他人所没有的，否则，诗文之作，何需千篇万篇，人家道过你就不要再道了。李白在黄鹤楼上见有崔颢题诗在壁上，便说“眼前有景道不得，崔颢题诗在上头”，自知没有更奇妙特殊的美感之情，就索性藏拙了。

短笛无腔信口吹

草满池塘水满陂，山衔落日浸寒漪。
牧童归去横牛背，短笛无腔信口吹。

雷震《村晚》

作者雷震，宋代人。此诗写村庄傍晚景象。盛夏时节，池塘水盈草满，太阳落在山尖儿的景象倒映在水波中。放牛的牧童横坐在牛背上日晚归来，一支短笛不成曲调信口而吹。

乡间夏日傍晚景象平静无奇，但在诗人笔下，却有一种静谧和谐悠然的美。终年生活在乡间的人，日出而作，日落而归，春夏秋冬，年年月月，劳动内容、生活内容循环重复，不免单调。他们自己不觉得有何美感，的确没有什么壮观、崇高、伟大、奇异的事物，不足称道。但在和乡村生活有一定距离的文人墨客看来，感觉就不一样了，尤其是在都市，在官场的人海中拼搏挣扎过一番，而失意厌倦之后，再到乡间去走走，或者回忆起早年在乡间的经历，就会觉得乡村那种顺应自然的简朴生活，那种平淡无奇的山水田宅，那些毫不珍稀的车马牛羊、鸡鸭猫狗，那些憨直淳厚的村民，那些粗陋浅薄的乡风民俗，那些不值钱的土特物产，都有一种迷人的美感，令他们欣赏陶醉，因而成为他们的诗情画意。为什么会这样？大概是最自然朴素的东西令人生返璞归真之情，最切合人的本性，最能安慰失意人的灵魂。所以，古代文人士大夫的一种难释的情结就是归返田园，田园成为他们逃避现实的一个归宿。当然有程度的差异，像陶渊明那样主动退归的人是少数，大部分是失意之后才有些念头。因而，我们应该知道，乡间田野的美主要是和农村有一定距离的人，即文人士大夫们感到、发现的，田夫野老并没有这种感觉，置身其中，习以为常，就不觉得美了。

“牧童归去横牛背，短笛无腔信口吹”，牧童不能去私塾读书，没有好吃好玩儿的，小小年纪就要劳作，每天在熟悉的环境中放牛。最大的优越感就是他是牛的主人，可以悠然地骑在牛背上，没有人教他曲律吹奏，一支粗制的竹笛信口吹去，只要发出声响，就是他的艺术享受了，也能自得其乐。在文人们看来，这景象太纯朴自然了，那当然是美的呀！

映日荷花别样红

毕竟西湖六月中，风光不与四时同。
接天莲叶无穷碧，映日荷花别样红。

杨万里《晓出净慈寺送林子方》

净慈寺在西湖南岸，为杭州名寺。六月初的一个清晨，诗人于净慈寺前送友，见西湖风景旖旎，遂即兴作诗。六月西湖正值盛夏，生机最旺，其风光与其他季节相比也自有不同，湖面上应时的景象是连片无穷的荷叶，其间站立着沐浴朝辉嫩红鲜艳的荷花。

西湖水面开阔，宜植荷花，荷花生长于夏季，秋季即残，六月最盛。碧绿丛中，一枝枝亭亭出水的荷花，映日绽红，与绿叶相衬，煞是喜人。绿得嫩，红得鲜，有一种丰盛的、生机勃勃的美。南方水塘多植荷花，作为植物，莲藕、莲子都可食用。因其生于水中，富有特色，可用于观赏。大概由于受佛教的影响启发，宋人有感于荷花的本性洁净，姿容优雅，称其为花中君子，是相当重要的歌咏、描绘对象。宋代关于荷花的诗文很多，周敦颐的《爱莲说》首开风气，影响巨大。文中说荷花出污泥而不染，濯清涟而不妖，中通外直，不蔓不枝，香远益清，亭亭净植，为花中君子。当然杨万里的这首诗并不能说与莲花的宗教、道德象征意义有关，但对莲花的艺术描写的确是宋代才有的事。

作为风景诗，作者抓住最应时的物象，描写其观感特征。六月是夏季的代表，风光自然与春秋冬不同，这是就一般而论，就道理说也是如此，可是这道理虽然在诗文中先说出来了，可它不是无缘无故地思考出来的，而是来到湖滨受到突然强烈的审美刺激后感悟出来的。六月西湖的胜景是什么？最具代表性的景象是什么？当然不是白堤苏堤上的垂柳，堤畔如茵的青草，最耀人眼目的当然是漫湖呈碧、覆水障舟的田田荷叶，亭亭而立、含苞绽放的红花。西湖水域辽阔，举目望去，湖面似全被荷叶笼盖，碧翠远侵，极目无穷而连天际，真是太盛了，又有红花穿插其间，相衬相映，色彩对比强烈，更显得鲜美动人。因而可以说是别样的绿，别样的红。学习此诗，当知先概述后具体，先笼统虚写，后具体实写。这就使一首短诗含有较丰富但不空泛的意蕴。

淡妆浓抹总相宜

水光潋滟晴方好，山色空蒙雨亦奇。
欲把西湖比西子，淡妆浓抹总相宜。

苏轼《饮湖上初晴后雨》

这是以西湖为吟咏题材的最有名的诗篇。诗说在晴天湖水碧波荡漾熠熠生辉，甚是可观。即使是下雨天，湖外山色烟雨迷茫，也很奇妙。如用西湖来比喻西施的话，她们不管是浓妆还是淡妆，都是适宜的。

西湖的景色浑然天成。古时原与杭州湾相通，后由泥沙堰塞而成，湖周长约三十米，没有太湖那样浩渺壮阔，又不同人工池面那样狭小，极为适宜。更难得的是它南西北三面环山，有南高峰、北高峰、玉皇山等，可谓青山抱绿水，湖光映山色，相得又益彰，尽显自然之美。西湖之景四时不同，阴晴有别。苏轼抓住晴日、阴雨两种天气条件下西湖的风貌，描绘西湖之美，实为即兴观感，如诗题所云。苏轼当时在杭州做通判，在湖上饮酒，开始天是晴的，后下起雨来，晴阴之间，西湖变了容颜，但都令人赏心悦目。诗最妙的是最后两句："欲把西湖比西子，淡妆浓抹总相宜。"西湖景色是偏于静态的美，所以诗人突发奇想，若将它比作越国美女西施不是很恰当吗？西施是春秋时越国美女（西湖属越地），越王勾践为报仇雪耻，用美人计将她献给吴王夫差。西施天生丽质，姿容绝代，一颦一笑都美妙动人。苏轼的这一比喻千百年来得到不同时代人的认同，大概有四个原因。第一，作为审美对象的西湖和西施，提供给欣赏者的都是自然美，湖光山色也好，人的体态容貌也好，都是通过自然条件显现出来的，两者的共同特点是都是不饰雕琢的自然美，以天生本色之美取胜，其他人工装饰点缀之美很难与之比胜。独一无二，不可模仿，因而无出其上者。西湖之景，晴天也美，雨天也佳，春夏秋冬虽有变化，也都是胜境。西施之姿容，笑也美，颦也佳，盛妆盛美，素妆素美，即使粗服乱发，仍不掩国色天香。第二，西湖和西施的审美特征都属于阴柔秀丽幽静的一类，有抚慰人心、令人轻松愉悦的功效。第三，西湖之名本因湖在城西而得名，名中有一西字，西施名中也有一西字，由西湖之西联想到西施之西，本是下意识的自由联想，但恰巧两者有内在的相似之处，因而绝妙。第四，越地人以西湖为骄傲，也以西施为骄傲，两者相连，正中越人情怀。因而自苏轼此诗后，西湖又名西子湖。这种貌似简单信口而出的比喻，实际上包含着深刻丰富的内涵，我们使用比喻不要仅仅流于形式上的相似。

有梅无雪不精神

有梅无雪不精神，有雪无诗俗了人。
日暮诗成天又雪，与梅并作十分春。

卢梅坡《雪梅二首（其二）》

这首诗是承接其一续写的。前一首写春雪与梅花的特点，诗人自己是作为旁观者、评判者出现的。现在诗人自己将自己并入梅、雪、诗、人四者中来了，四者相成匹配，才有了十分春色。仅有梅花开放而无春雪映衬，那春韵是不足的。有了春雪飘融，又有了迎雪绽放的梅花，面对这样的好景致而无诗情诗作，那人就是太实利庸俗了。傍晚时分吟成《雪梅》诗二首，天又飞雪，让它与梅花、雪花并妍竞美，一起化作这最美的春光景色吧。

诗人观梅赏雪之情镇日不减，几近痴迷忘乎所以。审美到了极致，这人往往失去理智常态，感觉似实又幻，物我有别又浑然为一。我在观物同时，我之人情又与物理相互渗透，物我之间没有截然的界限。这样，景物、景象不管是植物、动物还是无机物，也都有了人的思想、意志、情感乃至言语命运，这在当时诗人的感受中完全是真实的。所以诗人神与物游，与这些审美对象对话、交流，互相渗透感染、互爱互怜互知，并非荒唐可笑的事。诗人用情有两大特点，一个叫痴，一个叫纯。因而也常惹理智实际型人的嘲笑。此诗作者显然是一个有诗人至情至性的人。否则，难以有这样的闲情雅兴去观赏品鉴以至吟咏春雪春梅。从另一个角度说，一个人的审美趣味偏好也能反映人的人生理想。一个美感贫乏或者微弱的人大都是热衷于功利或非常讲究实际的人。同样是喜欢自然美景的人也有种种不同，如都喜欢花卉，喜欢牡丹就和喜欢梅花不同，牡丹富丽雍容，梅花清洁耐寒，一浓艳热闹，一淡朴孤寂，可以代表两种人生情趣。喜欢梅花的人大都有几分孤芳自赏、轻视功名富贵、追求自由个性的心理倾向。在宋以后的千百年中，梅花就成了许多逃避政治乃至逃避社会的文人们的一个重要的心理象征，成为文人诗、词、绘画艺术不断加以表现、强化、丰富的最重要题材之一。宋诗咏梅之作可谓洋洋大观，就连理学大师朱熹的诗中咏梅之作也甚多。后世以梅为名字的情况的出现（如本诗作者名叫梅坡）也是一个例证。

梨花院落溶溶月

油壁香车不再逢，峡云无迹任西东。
梨花院落溶溶月，柳絮池塘淡淡风。
几日寂寥伤酒后，一番萧索禁烟中。
鱼书欲寄何由达？水远山长处处同。

晏殊《寓意》

作者晏殊，北宋抚州临川（今江西抚州）人。官至宰相，著名诗人。这首诗无具体题目，虽曰“寓意”，实同无题，古人作诗有不便言说之意或无法言说之意，常常标诗题为无题，即按体制不能不起一个题目的意思。如唐人李商隐这类诗就很多。

这首诗抒写男女之恋情。诗人追思恋想的是一位乘坐油彩涂壁溢满香气的车子的女子，而现在那人如同巫山峡谷中的云一样消逝得不知踪迹了。从前相处的日子是在开着梨花的院落溶溶月色之下，柳树飘絮春风习习的池塘边。数日寂寞无聊醉酒伤身后，又遇上了禁止烟火的冷清的寒食节。本欲寄上一封相思信如何能送到呢？山长水远，道路阻隔都是一样的。

诗中的情意不难猜测。诗人所恋的女子应是风尘女子，彼此有一段好时光。但双方都有难言的苦衷，那女子突然离去，恐怕是不得已的。诗人的追念是真诚的。这种情况是旧时代文人士大夫常有的事。

从写作上说，作者的情思抒写得很真挚，有直接叙述抒情，又有景物的描写，尤其是以写景代抒情十分出色，值得我们学习。

“梨花院落溶溶月，柳絮池塘淡淡风”，这两句诗是对仗句，格律极工整，易诵易记，是非常优美的写景之句。开着梨花的院落沐浴在溶溶的月光之下，宁静而温馨，水边垂柳，习习东风吹柳絮，清凉而缠绵。这种环境最易激发人的爱情，而诗人的一段爱情正是在这样的环境中度过的，所以这景色中蕴藏的是人情。所以王国维说，古诗词中的景语皆情语，用以评论这两句诗太恰当了。字面上无一字一词着情，但词句之后却饱含着深情。古代诗文中没有与人物的感情无关的，仅仅作为生存背景的所谓环境描写，而一定是主观化了的，经过诗文作者心理选择加工了的自然意象。所以，我们诵读之时，也颇能激发我们的情绪兴味。

暗香浮动月黄昏

众芳摇落独暄妍，占尽风情向小园。
疏影横斜水清浅，暗香浮动月黄昏。
霜禽欲下先偷眼，粉蝶如知合断魂。
幸有微吟可相狎，不须檀板共金樽。

林逋《梅花》

作者林逋，宋代钱塘（今杭州）人，一生未出仕，但名气很大，死后谥“和靖先生”。这首梅花诗又题作《山园小梅》，共二首，这是其一。在百花早已凋落以后的日子里，独有梅花在晴日里开放，小园中的风光一时都集中在梅花身上。梅花疏朗横斜的形象，投影在清浅的水面上，它那清幽的香味在月色朦胧的夜晚飘散。寒鸟在空中尚未落下来就偷看梅花的姿容，若彩蝶知道这梅花的美姿美容，那一定是向往断魂的。所幸有我的诗句可以和梅相亲近，那就不用俗人的歌舞、酒筵来凑热闹了。

这首诗是写梅花的极品。一是写出了梅的孤标傲世、绝尘拒俗的品性。二是写出了它雅静疏朗之姿态。“众芳摇落独暄妍，占尽风情向小园”，极言梅不同其他繁花野草，在热闹的春日里斗艳争奇。它只在百花零落、春寒料峭的日子里悄悄独放，园中没有任何花草树木可与它相媲美，可谓唯我独尊、独美。“幸有微吟可相狎，不知檀板共金樽”，檀板，用于打奏节拍的檀木拍板，金樽即贵金属做的酒杯。梅的清高只有清雅的诗句可与之相亲相近，它根本就不知道那富贵人家的歌舞是怎么回事儿。诗中梅的品性实际上就是诗人的志趣、诗人自己的形象。林逋隐居杭州西湖孤山，二十几年不入城市，唯以植梅养鹤为乐，终生未出仕，可见其清高避俗之志。

“疏影横斜水清浅，暗香浮动月黄昏”，被后世评为描写梅花姿态神韵最好的诗句。因为诗人抓住了梅的形态特点，再辅之以陪衬之景物的描写，将它的姿态神情勾画出来了，是以形写神的妙作。梅花枝干横斜，因开花时尚未生绿叶，梅朵生于枝头，故其形象空疏，且其疏朗横斜的形象又投射到平滑清浅的水面上，形成倒影，就更动人心意了。不仅如此，朦胧月色中又隐隐传出梅花的幽香，沁人心脾，这就叫人无法不销魂了。诗的第五、六句又以假设禽蝶见到梅花时的忘情之状作烘托，梅花的意味就更充分、更丰富了。

澄江一道月分明

痴儿了却公家事，快阁东西倚晚晴。
落木千山天远大，澄江一道月分明。
朱弦已为佳人绝，青眼聊因美酒横。
万里归船弄长笛，此心吾与白鸥盟。

黄庭坚《登快阁》

这首诗写景抒怀。作者当时任吉州太和县（今江西泰和）知县。快阁在太和县治东澄江之上。快阁取名之用意，是因登此阁观江山广阔渺远，景物清晰光华，心胸为之畅快。诗大意是：总算处理完了今天的公务，急忙登上快阁一赏晚晴的景致。层层群山上草枯叶落，天空尤显得广阔高远，澄江似大地上一道亮痕，月亮格外光明。没有佳人知音，琴早已不弹了，最喜爱用情的当然是美酒了。吹着笙笛泛舟万里江湖，这种归隐之心，我愿向白鸥发誓。

这首诗主要有三种意思。诗人虽为官治事，但非本愿，如他在另一首诗中所说“食贫自以官为业”，是因生计需要才出去做官的，事非得已。第二种意思是钟情山水风光，登临观览令他心旷神怡。第三种意思是，他的人生理想是弃官归隐江湖，做一个审美的自由人。而这三层意思是有内在关联的。这首诗较典型地反映了宋代文人的一种人生价值取向，纯粹文人的精神趣味。“痴儿”一词是晋人夏侯济的话：“生子痴，了官事，官事未易了也。了事正作痴，复为快耳。”黄庭坚用此典意思是官事未易了，总算处理完了，可以登快阁赏心悦目了。“朱弦已为佳人绝”是用钟子期、俞伯牙弹听遇知音的典故，借指自己的心志无知解者，难于与外人道也。所以就喜欢饮酒自娱。“青眼”一典出自晋人阮籍，传说他会做青白眼，见自己喜欢的人和事就用青眼看，否则用白眼看。后“青眼”指喜爱，也叫“垂青”。

诗中“落木千山天远大，澄江一道月分明”，作为写宏壮美景的佳句，有独立欣赏的价值。它和“无边落木萧萧下，不尽长江滚滚来”“星垂平野阔，月涌大江流”的境界可相媲美。不同的是黄庭坚描绘的是静态的美。草木摇落之季，山体就显瘦了，淡了，似与天的距离大了。秋高气爽，天空清净，所以就显得天也远大了，登高阁远眺，澄江卧大地不过一道亮痕而已，空中的月亮当然也显得格外分明了。这些都是真实的景象、确切的感受，诗人用工整的对仗句表现出来了。大景象见出诗人大气象、大胸怀，审美境界也是人生境界的表现，庸俗势利之人是看不出、感不到这种自然境界之美的。

桃李春风一杯酒

我居北海君南海，寄雁传书谢不能。
桃李春风一杯酒，江湖夜雨十年灯。
持家但有四立壁，治病不蕲三折肱。
想见读书头已白，隔溪猿哭瘴溪藤。

黄庭坚《寄黄几复》

黄几复是诗作者的少年朋友，作者写此诗时两人已分别十年未谋面了。这诗是寄给朋友的“信”，所以用第二人称。我住在北海边，君住在南海边。请鸿雁为我传书去南海，鸿雁说到不了那里。当年春风吹桃李的花开季节，同游饮乐相得的情景如昨日。面对夜雨孤灯，想来彼此天各一方漂泊江湖，已有十年未相见了。但可以想象，你虽居官职仍然家徒四壁，善于治病不需三折肱。头已花白仍读书不辍，衙署书斋是否能听见溪流对过山间瘴溪藤上猿的啼哭声？

写这首诗时，作者监德州德平镇（今山东临邑县德平镇），黄几复知广州四会县（今广东四会市），广东、山东都算沿海地区，所以诗人借用《左传》中楚成王问齐桓公的话“君处北海，寡人处南海”来说明两地遥远。传说雁飞到湖南衡阳就不再往南飞了，所以连雁都不肯为诗人传书去。少年即相好，十年未相见，但诗人深知朋友的为人，虽为县令也不免家徒四壁，君是廉洁奉公之人。《左传》中说："三折肱，知为良医。"如果一个人三次跌断了胳膊，可以成为良医，因他积累了疗伤的经验。诗中用以作比方，几复有治事行政的才能，不用那么重的代价就可以出政绩。写此诗时，作者四十一岁，几复也该是四十出头了，由己及人，你也白了少年头吧？但读书习惯还未改吧？南海荒蛮，山中溪流林莽阴湿生瘴气，那里常听到猿的啼哭声。这首诗既写了往昔的交情，又写了今日的怀念，尤其是刻画了友人的完美形象：为官清廉治事有才干，甘居贫苦而好学，德才学三者兼具。头发都已经花白了，还在荒蛮湿热的远州做一小县令（古时广州不同现代之广东，犹如现在之大西北），不平之感，乃至同病相怜之意都在不言中了。

"桃李春风一杯酒，江湖夜雨十年灯"，怀旧而兼抒人生感慨。好处有两点。一是对比描写使得情意蕴藉丰厚。"桃李"句给人的美感是明丽温馨、浪漫潇洒，"江湖"句给人的美感是阴暗凄凉、畏拘悲孤，两种人生阶段，两种人生景况，两种审美滋味相反相映互衬。二是对仗精妙，"桃李"对"江湖"，前两个字用字都是木字旁，后两个字都是三点水旁。"春"对"夜"，都表示时间，"风"对"雨"，都是气象。"一杯酒"对"十年灯"，两者都是虚写，实际上饮的不会仅是"一杯酒"，本来也无"十年灯"，又酒字是水旁，灯字是火旁，可谓巧妙。更有甚者，本来是为了平仄和对仗的需要排列词语成句，但在词的顺序上又使诗句意思也顺畅连贯，可谓难得。"江湖夜雨十年灯"正常的词序应该是"十年江湖夜雨灯"，但独立地看前者，也可以理解为这盏渔灯伴随渔船漂泊江湖，夜雨中照明已有十年了，也完全说得通。

云容山意商量雪

年来似觉道途熟，老去空更岁月频。
爆竹一声乡梦破，残灯永夜客愁新。
云容山意商量雪，柳眼桃腮领略春。
想得在家小儿女，地炉相对说行人。

黄公度《乙亥岁除渔梁村》

诗作者黄公度，南宋人。这是一首纪事感怀诗。宋高宗绍兴二十五年（1155）是农历乙亥年，十月，权奸秦桧卒，朝臣终于敢公开议论他的罪行，要求为被秦桧迫害的忠臣义士平反昭雪，召回被排挤贬放远地的官员。作者当年举进士第一，曾任秘书省正字，当时秦桧当政，因言时政之弊而被贬放肇庆府（在今广东）通判，这次被召回朝，赴京师临安（杭州）途中，年三十经闽北渔梁村（今福建浦县西北），奉召还朝之旅逢佳节，自是感慨系之，于是作诗以记行抒怀。诗中说，这许多年来自以为在官场沉浮积累了一些经验，了解了世道人情，但还是对政治风云的变幻更替把握不准，个人前途也无法预料。爆竹声响惊醒了回到家乡团聚的梦幻，终夜对着孤灯想着心事。看那云彩的容颜山的意态似乎在合计着下雪的事儿，想那柳叶绽绿、桃花放红当是在享受春情。此时此刻，我家中的儿女们，一定是围炉而坐，在叨念着归途中的人。

这首诗抒写的是真实的经历和情感。在写作上也很有用心。“云容山意商量雪，柳眼桃腮领略春”两句最为精彩，比拟得十分恰当有意味。“云容山意商量雪”，将没有意志的自然之物写成了有人格特征的形象，云层厚而低垂，笼罩着山体，山峰隐隐，山色沉沉，云与山似乎在亲密地接触交语，商量着下雪的事，人格化的写法使常见的景物描写富有情趣。其实，这是由作者的主观移情造成的，人在审美状态中往往忘记了我与物的关系，失去了科学的现实的理性思维，按照情绪意愿将对象当作解语有情之人，只关注事物的形象特征，而不问它的本质功能，达到人情与物理的融合。“柳眼桃腮领略春”一句不是当时的实景，是诗人思维中的记忆表象浮现，是联想创造。这也是拟人化的想象。柳叶也好，桃花也好，都是春季的典型角色，它们都像少女一样秀美，给人以希望和欢乐，就诗意来说，这当然反映了诗人对自己人生前景乃至国家政治前景的憧憬，作为艺术描写也很形象生动，易于激发读者的审美想象。

这两句诗在作文中可分别使用，前一句用于描写天气欲雪的景象，作开头之语可以定下愉快的基调，有助于激动文思，写下去顺畅。后一句用于写明丽的春景，用在写春景的开头作起句，便于引导思路捕捉春景物象的特点及表情功能。用在一段景物描写之后作为总括，由描写而转入抒情议论的过渡句最好。

黑云翻墨未遮山

黑云翻墨未遮山，白雨跳珠乱入船。
卷地风来忽吹散，望湖楼下水如天。

苏轼《六月二十七日望湖楼醉书五绝（其一）》

这首诗写于作者任杭州通判的时候，如诗题所记，宋神宗熙宁五年（1072）六月二十七日，作者于西湖望湖楼上一边饮酒，一边观湖光山色，突遇骤雨，随即雨停风吹云散，于是乘酒兴之际，写下了这首景物诗。

这首诗的好处是把一种自然景象用极简练的文句写得极其生动形象，读着如同自己的观感经历。“黑云翻墨”写出了云团颜色的浓黑及滚动奔涌之动势，那雨一定是从天倾压下来的，“未遮山”，说明是一大块乌云突然涌来，不是大面积的雨象，那是过路雨，来得急，下得猛。转眼间湖面上万竿白柱，水花飞溅一片白烟。“白雨跳珠乱入船”是特写镜头，从楼上看泊在楼下水面的游船上，暴雨点儿如颗颗白珠，嘣嘣地打在船板上，落地有声。船上的游人也好，楼上的饮酒观光客也罢，都没有一点儿心理准备，这昏天黑地的骤雨袭来，势不可当，真是令人惊心动魄。诗人心中陡然升起一种壮美感。正沉浸在对巨大自然力量发泄的惊喜之中，不知从何处卷起一阵狂风，将乌云裹挟而去，霎时云去雨歇，天晴湖静，又如同雨前一样光景，诗人心情由紧张兴奋归于悠然平静。这种景象可遇而不可求，这种体验也是可遇而不可求。黑云压湖山不招而来，狂风卷暴雨不挥即自去，来得猛烈，去得迅速，大起大落，大惊大喜，痛快淋漓。自然界的伟力奥秘，相应的人心之感奋，全都让天才诗人用四句二十八字描述出来了！

“黑云翻墨未遮山，白雨跳珠乱入船”，这种景象描写有很大的概括性。它不只是诗人个人经验的事实，我们每个人都可能遇到这景观，都会有相近的观感，不过我们都没有诗人说得精彩。如果我们也有了这番经历，如雨季在海上、在江中、在湖上行舟，不料一片乌云来，一阵狂风刮，就会出现诗人描绘的这景观，心中便会涌现这两句诗，写成游记引用这两句诗，就能成为我们美感体验的抒发。千年风雨千年诗，事同此理，人同此心，时空相隔，人心不隔。

鹅鸭不知春去尽

男儿更老气如虹，短鬓何嫌似断蓬。
欲问桃花借颜色，未甘着笑向春风。
阴阳溪曲绿交加，小雨翻萍上浅沙。
鹅鸭不知春去尽，争随流水趁桃花。

晁冲之《春日二首》

晁冲之，字叔用，济州巨野（今属山东）人，北宋诗人，师从陈师道。诗的大意是：男儿越老越气吞长虹，何必嫌弃鬓毛短了胡须蓬乱，想向桃花借点红颜色，却不甘向春风赔笑脸。草木茵茵，小溪曲折，草之绿水之绿交相辉映，小雨打在浮萍上翻出了细节，叶上的水珠像浅浅的沙粒。鹅鸭不知春天将要逝去，争先恐后追逐着落在水中的桃花。

“鹅鸭不知春去尽，争随流水趁桃花”这两句诗是著名的佳句。前一句“鹅鸭不知春去尽”可能是受苏轼的“春江水暖鸭先知”的启示，但作者反其意而用之，写鹅鸭的不知，用得很活，不生搬硬套。这两句诗也是写春景的，通过池中的鹅鸭、水中的落红，把一幅暮春时节的景致刻画得淋漓尽致，富有特色。

我们在作文时，引用这两句诗，一般不用它来描摹景物，而是运用它的这个含意，即春光无限好，但却在“鹅鸭”的不知中已悄然去尽，以此来感叹时光易逝，青春不再，从而提醒我们要珍惜时间，珍惜青春。同时，在这两句诗中还包含这样的意思：时光是在人们的不知不觉中逝去的，青春的时光很美好，但也很短暂，谁都喜欢永远年轻，青春永驻，都希望好花常开，好景常在，但这是不可能的。所以，对美好的东西要保持清醒的头脑，要有叶落知秋的敏感，走在时间的前面，不随波逐流。在这个意义上，我们可以引用这两句诗，去批评那些执迷不悟、游戏青春的人。

带得寒鸦两两归

水绕陂田竹绕篱，榆钱落尽槿花稀。

夕阳牛背无人卧，带得寒鸦两两归。

张舜民《村居》

张舜民，字芸叟，邠州（治今陕西彬县）人，北宋诗人。《村居》的大意是：流水环绕着山坡上的田地，竹子绕着篱墙，榆树钱已落净，槿花也稀疏了。夕阳西下，老牛背上没人卧在上面，只带得寒鸦三三两两地归来了。

这首诗是一幅乡村小景图。一提起乡村，人们脑海中马上就会浮现出小河、田野、村头的大树、地里的野花、农家小院等物象，萦绕于人们脑际的是那种宁静、恬淡、清新的氛围，令人心向往之。这首诗为我们描绘出了这些景象和这种氛围，为我们创造了一种宁静和谐的艺术境界。

"夕阳牛背无人卧，带得寒鸦两两归"这两句诗，是诗人的名句，很受人们的赏识。在乡村，夕阳西下之时，也是归家之时，放牧在外一天的老牛缓缓地迈着悠闲的步子回到家中，放牛的牧童却不知野到哪里去了，而把牛背让给了寒鸦，寒鸦乘着牛背被带回家中，这是一幅多么清幽和谐的图景。

这两句诗我们可以用在记叙文中，用来状写乡村的景物，表现农村的乡野之趣，抒发对家乡的热爱之情。在引用时，应注意时间上的差别，这两句诗传达的是傍晚时分的乡村景致，如果是其他的时间，就不能随便乱用，这是指细致地描写具体景物之时。但是，如果是笼统地表现乡村，表现乡村的独有特色，不用考虑其他的细节，也可以引用它。

此外，我们透过这两句诗可以借鉴一下诗人描写景物的方法，诗人在写景时就像画画一样，抓住别致稀有的一瞬极力渲染，给人留下深刻的印象。

桃花雨过碎红飞

桃花雨过碎红飞，半逐溪流半染泥。
何处飞来双燕子？一时衔在画梁西。

刘次庄《敷浅原见桃花》

刘次庄，字中叟，长沙（今属湖南）人。这首诗生动地表现了暮春残红的另一番风韵。其大意是：一场春雨过后，桃花凋谢、飘零，有的花瓣落于溪中，随水漂流，有的花瓣落于泥中。不知从何处飞来两只燕子，把飘散的桃花瓣衔到了画梁之上。

“桃花雨过碎红飞，半逐溪流半染泥”，悠然一笔，点染出春雨过后落英缤纷的情景。作者抓住这平常的雨打花落的一瞬，写出了暮春醉人的春色。“半逐溪流半染泥”活画出桃花落地的自然美景：花儿从树上飞落，一部分飘到了水中，随波逐流，一部分落在了地上，染红了泥土，使田野中到处散发着春天的芳香。这两句诗没有浓墨重彩的渲染，只用了一种平铺直叙式的手法就把人带入到情趣盎然的落花景致之中。

“桃花雨过碎红飞，半逐溪流半染泥”，这两句诗可以用来表现晚春时节的景致。我们在写记叙文特别是散文时，在描写落英缤纷的晚春景色时，可以引用这两句诗。引用这两句诗，可以使我们对所描写的景物做一些色彩上的点染，令人浮想联翩。注意引用这两句诗时，只是用于纯客观的景物描写，表现作者对这一大自然奇观的无限爱恋，不存在什么伤感哪、哀叹哪，也没有“落花不是无情物，化做春泥更护花”的豪情，它只能表现一种“闲看落花”的闲情逸致，帮助加深文章的意境。

同时，我们在运用这两句诗时，很自然地会想起《红楼梦》中的黛玉葬花一节，作者在文中也为我们描绘了与此相似的美景和意境，我们可以看作是对这两句诗的活用。

春风又绿江南岸

京口瓜洲一水间，钟山只隔数重山。
春风又绿江南岸，明月何时照我还。

王安石《泊船瓜洲》

王安石是一位文学家，又是政治家，他曾做过宰相，但仕途并不顺。这首诗就是他初次被罢宰相之职后又被起用为吏部

尚书，在离江宁北上赴任的途中，路过瓜洲时写的。大意是：京口和瓜洲之间只一水之隔，钟山也不过只隔着几座山。春风又一次吹绿了江南的大地，明月什么时候照着我回到钟山下的家中？

这首诗是王安石的成功诗作之一，历来被人们传唱。诗的精彩部分主要体现在后两句上，即“春风又绿江南岸，明月何时照我还”上，这两句诗写景中寓有真情，情景交融，抒发了作者的心志。这其中最大的闪光点便是“春风又绿江南岸”中“绿”字的运用。相传诗人在用这个“绿”字之前，先后用过“到”“过”“入”“满”，但都不甚理想，意思表达得不精确，最后才确定为“绿”字，结果着一“绿”字，使全诗的境界全都出来了。“绿”字的运用，形象地描绘出了生机盎然的江南春色，把春风的精髓写尽了。春风一吹，万物皆绿，春风为大地披上了绿色的春装，春风吹开了鲜花的笑脸。“绿”这个字恰似此句诗的点睛之笔，千言万语皆凝于此一字之中。换上任何的字，都没有这样的效果，所以人们极推崇这个“绿”字，曾有人以此誉王安石为“绿字尚书”。这两句诗成了王安石讲究修辞炼字的著名例子。

正所谓“两句三年得，一吟双泪流”，我们应学习诗人的这种修辞炼字的方法，恰当地把握词语的微妙含义，在同义词中，选择最富于表现力、最精当的词语用在我们的文章中，这样才能准确地传达出我们想要表现的思想。所有的文章都是语言的艺术，而精妙语言的获得是需要经过反复推敲的。语言是写作的基本功，只有掌握了语言，才谈得上作文。

老树着花无丑枝

行到东溪看水时，坐临孤屿发船迟。
野凫眠岸有闲意，老树着花无丑枝。
短短蒲茸齐似剪，平平沙石净于筛。
情虽不厌住不得，薄暮归来车马疲。

梅尧臣《东溪》

本诗出自宋代诗人梅尧臣之手。梅尧臣，字圣俞，宣州宣城（今属安徽）人，北宋著名诗人。这首诗首联破题，说作者行至东溪去看水，面对美好的风景竟然流连忘返，临坐在孤屿旁不忍离去，以至于使发船的时间都被延迟了。首先映入作者眼帘的是野凫和老树，野凫安眠在寂静的岸边，显示出了它的闲逸之意。绽放了花朵的老树，没有难看的枝条。远处溪岸上短短的蒲茸整齐得像修剪过一样，平平的沙石则干净得像筛洗过一般。观赏美景的情趣虽然没有得到满足，但却不能在此驻足，在淡淡的夜色中归来的车马都已经疲倦了。此诗格调恬淡自然、幽雅安闲，描绘出作者家乡优美的自然风光和平静闲适的生活情趣。

“野凫眠岸有闲意，老树着花无丑枝”，这两句描写东溪岸边景色的诗句，历来为人称道。野凫和老树都是自然界中的寻常之物。“野凫眠岸”本是常情常景，而诗人却以“有闲意”来形容，这里包含着诗人主观的想象与感觉。看到“野凫眠岸”，诗人想象与感觉到它的悠闲与自在，羡慕野凫的这种闲意，不必为名利奔走。“老树开花”本来不美，在人们的感觉中，“老”总是与“丑”相连，而诗人却翻出新意“无丑”，点缀着花朵的老树，在这里也显得越发的妩媚可爱。这是对客观景物的描写，同时也是诗人心情的写照。当时诗人五十开外，进入晚年，然而却老当益壮，并不服老。这两句诗合起来看，那就是既写出了一个清淡平远而又生意盎然的自然景象，又写出了一种恬静自得而又老当益壮的人物心情。我们在写作中可以运用这两句诗。其一，可以用于一些景物描写中，用以烘托恬淡、幽雅、安闲、自然的氛围；其二，可以用来赞美人物，特别是老有所为的老人，比如老科学家、老艺术家、老作家等。

闲看儿童捉柳花

梅子留酸软齿牙，芭蕉分绿与窗纱。
日长睡起无情思，闲看儿童捉柳花。

杨万里《闲居初夏午睡起二绝句（其一）》

杨万里的诗特别注重语言，他极力用新鲜活泼、浅近明白的词语去创造一种意境，人称“诚斋体”。这首诗很能体现这一特色。诗的大意是：吃了梅子，口头留有酸味，牙齿有些软，芭蕉把绿色分给了窗纱。夏日昼长，午睡起来后毫无情思，闲得只好看孩子们捉柳絮玩。

“日长睡起无情思，闲看儿童捉柳花”，这两句诗，前一句写闲居无聊的心绪，夏天的昼长，自己又没有什么重大的事情可干，于是昏昏睡去。午睡起来，面对着静悄悄的院落，很自然地产生一种百无聊赖的感觉。而后一句写闲的行为，诗人闲得去看孩子们玩耍。儿童的天性就是玩儿，他们是闲不住的，没什么可玩儿时，他们宁可去捕捉柳絮。而捕捉柳絮是没有什么意义的，捉到了还得扔掉，所以这一句更加突出了“闲”字：“闲人”看孩子们“闲玩儿”。

“日长睡起无情思，闲看儿童捉柳花”，这两句诗运用在作文中，必须是成年人才能这样用。如果是未成年人特别是儿童，在运用时可以改动一下，变为“闲看同伴捉柳花”。引用这两句诗是为了表现自己无所事事、百无聊赖的境遇。比如暑假的时候，做完作业，又没有什么自己感兴趣的活动，觉得没什么意思，又想不出能激发自己情绪的事来，引用这两句诗在文章中是最恰当不过的了。

另外，我们在应用这两句诗时，可以学习诗人的这种细致观察生活和准确表达心情的方法。夏天天长，人们的这种慵怠、无情无绪的情况是常有的，但诗人能及时地捕捉到这一情绪，并用恰切的语言把它准确地传达了出来，这就是诗人和我们的区别。如果我们也能这样，那也成了诗人了。

碧云望断空回首

杨柳飘飘春思长，绿杨流水绕宫墙。

碧云望断空回首，一半阑干无夕阳。

陈允平《登西楼怀汤损之》

陈允平，字衡仲，四明（今属浙江）人。标题中的汤损之，是人名，可能是诗人的一位朋友。全诗的大意是：杨树柳树的枝条随风飘拂，令人春天里的思绪悠长。绿意盎然的杨柳，映着流水，围绕着宫墙。望断碧云，只是徒然的回忆，一半的阑干上已经没有了夕阳。

春天易引起人们的回忆，这首诗就写了在春光明媚的日子里，面对美好的景致，诗人对汤损之这个人的怀念之情。汤损之此人的情形诗中没有任何交代，但从全诗流露的感情来看，两人的交谊还是很深的，以至于在春景的刺激下，诗人情不自已，痴痴地望着碧空，时间很久，一直到了夕阳西下之时。可想而知诗人回忆的事件之多，牵动的感情之深。

“碧云望断空回首，一半阑干无夕阳”这两句诗，是著名的句子，极言对往事回忆之悠长，而回忆也只是徒增惆怅之情状。一个“空”字，一个“无”字，传达出了诗人的失落和无奈，特别是“碧云”“夕阳”两个意象的运用，创造了一种高远、深邃、渺茫的意境，给人以断肠人在天涯的悲凉之感。

这两句诗在作文时我们可以引用，用来表现对亲人和朋友的思念之情。但这种思念不是凭空而来的，往往是见到某种景物，触景而发，感物伤怀，从而表现一种怅然若失的心情。实际上这是两句写景诗，文字的表面没有涉及所回忆之人，但我们说“一切景语皆情语”，写景是为了抒情，是为了抒发对所忆之人的深深怀想之情，因而其效果更加感人。

还可以用这两句诗来连接文脉，当我们写回忆性的文章陷于往事而不能自拔时，可用“碧云望断空回首，一半阑干无夕阳”来转到现实的叙述之中，承上启下，起到一种桥梁的作用。

画桥依约垂杨外

望断南冈远水通，客樯来往酒旗风。
画桥依约垂杨外，映带残霞一抹红。

沈与求《石壁寺山房即事》

沈与求，字必先，湖州德清人（今属浙江），官至知枢密院事，敢于直谏，享有盛名。这是一首写景诗，诗的大意是：尽目力眺望远处南冈水水相通，客船往来，酒旗在风中飘扬，垂柳扶疏，画桥隐约可见。此时夕阳西下，落霞满天，映得桥也微泛红光。

这首诗题目中的“山房”，指僧舍，和尚住的房子。即事，指记下景物。标题是在石壁寺的僧舍写景之意。石壁寺在何处今已无迹可考，但从诗中描绘的情况看，无疑是风景秀丽有着奇山异水之地。诗人在诗中没有直接写石壁寺山房如何幽雅、如何迷人，而是间接地通过石壁寺远处景致的优美反衬它的可人。这种间接描写的方法能引起人们无限的遐思，产生丰富的联想，以自己以往的经验补充和丰富石壁寺景色之美，这种方法比单纯的直接描写要高明。

“画桥依约垂杨外，映带残霞一抹红”，这两句诗是写远景的，主要是写水，比较精练地形容出诗人面对夕阳下小桥、垂柳、流水整体宁静惬意的感觉。因为是远眺，所以景物都是隐隐约约、模模糊糊、朦朦胧胧的，而这两句诗好就好在把远景的朦胧迷离给写尽了。特别是“一抹红”三个字的运用，可谓是点睛之笔。它把水天相映、水天一色的景致给写活了，活画出江南水乡傍晚时分那种幽深、静谧、温馨的景象。

我们在景物描写时可以引用这两句诗，表现江南水乡的迷人风光，引用时所写的景物必须是远观。此外，我们还应学习作者的这种间接描写的方法，尽量调动读者的积极性，给读者留下一定的空间去想象。试想石壁山寺远景都如此美妙，那石壁山寺本身呢？答案不言自明。

乍暖柳条无气力

故园今日海棠开，梦入江西锦绣堆。

万物皆春人独老，一年过社燕方回。

似青如白天浓淡，欲堕还飞絮往来。
无那风光餐不得，遣诗招入翠琼杯。
竹边台榭水边亭，不要人随只独行。
乍暖柳条无气力，淡晴花影不分明。
一番过雨来幽径，无数新禽有喜声。
只欠翠纱红映肉，两年寒食负先生。

杨万里《春晴怀故园海棠二首》

杨万里，字廷秀，吉永（今江西吉安）人。这首诗以景寓情，咏物抒怀，表现自己深深的怀乡之情。诗的大意是：故乡园里今天海棠开花了，梦见回到了江西堆锦积绣的海棠花丛中。万物都是春天，唯独人老了。一年社日过了，燕子才回来。天空的蓝衬着白云时浓时淡，柳絮飞舞着又想上升又想下落。无奈明媚的春光吃不得，真想以诗将春光招入酒杯之中。竹林边的台榭，水边的亭子，不要人跟随只独自前行。初春的柳条随风轻摆没有气力，微晴的天际下花的影子模糊不分明。一阵雨后来到这幽僻的小路，无数新生的小鸟叽叽喳喳兴奋地叫着。只少了翠叶如纱花儿鲜红的海棠，我已经辜负了两个春天了啊。

“乍暖柳条无气力，淡晴花影不分明”这两句诗，是写柳枝和花朵的。作者在此写得惟妙惟肖，十分精彩，堪称千古佳句。诗人笔下的柳枝和花朵，是初春时节刚刚发芽的嫩柳，是初雨过后如洗的花朵。那柳枝在春风的吹拂下随风飘舞没有一点儿力气。“无气力”是极通俗的语言，但作者用在这里就把柳枝的娇弱婀娜之态写活了，令人产生丰富的联想，仿佛柳枝就在我们面前轻柔地舞动；那花朵在雨后微晴的天空下花团锦簇，一片灿烂，分不清哪朵是哪朵，只见一片花的世界。这两句诗平易自然，新鲜活泼，来源于作者对生活的细致观察，得力于作者纯熟高超的艺术技巧。我们在作文时也应学习作者的这种方法，细心观察，仔细揣摩，然后准确地用语言把它表述出来。不一定用浓词艳句，通俗的语言也能达到惊人的效果。

小楼一夜听春雨

世味年来薄似纱，谁令骑马客京华？
小楼一夜听春雨，深巷明朝卖杏花。
矮纸斜行闲作草，晴窗细乳戏分茶。
素衣莫起风尘叹，犹及清明可到家。

陆游《临安春雨初霁》

陆游少有壮志，才华出众，但仕途坎坷。这首诗就是他被第二次罢归的五年之后，奉旨到临安觐见皇帝，于西湖边的客舍里写的。诗的大意如下：近年来对人情世态的兴味淡薄得像纱一样，谁人又教你骑马到京城做客呢？在小楼里听了一夜的春雨，明天早上狭长的巷子里就有叫卖杏花的声音。闲着无事，在纸上写草书消遣，雨过天晴后临窗细细品茶。不要叹惜自己洁白的衣服会被京城的风尘污染，还来得及在清明节前赶回家中。

这首诗的主题虽是抒发对官场生活的厌倦和落寞之情，但“小楼一夜听春雨，深巷明朝卖杏花”则堪称典型的写景名句。一夜春雨，淅沥的雨声令诗人辗转反侧，必然触景生情勾起对往事的回忆。往事是令人郁闷和惆怅的，但一夜过去，春雨骤停，旭日东升，诗人的情绪随着天气的转晴而变得闲逸安适，此时恰好从幽深的小巷里传来了清脆悠长的卖花声，给人们带来了明媚春光的讯息，描绘出了暮春时节江南小城的独特风景。

“小楼一夜听春雨，深巷明朝卖杏花”这两句诗充溢着浓浓的诗情画意，传递着绵绵的画外之音，比较细腻地描绘出了杭州的美妙风光。在写出春雨与花开的因果关系的同时，给人心灵以启迪。在记叙文、抒情散文的写作中，我们应借鉴作者这种描写景物的方法，注重事物之间的联系，应由此及彼，从春雨声、叫卖声的联系中间接地传递出春至的讯息，避免了平铺直叙。此外，还应学习作者对意境的创造，夜雨春花、写字、分茶，清新素雅，可见作者心情之淡泊。除上述两点之外，我们还可以直接引用这两句诗，预示春天的到来，可以使文章熠熠生辉。

一夜吹香过石桥

细草穿沙雪半销，吴宫烟冷水迢迢。

梅花竹里无人见，一夜吹香过石桥。

姜夔《除夜自石湖归苕溪十首（其一）》

姜夔，字尧章，鄱阳（今属江西鄱阳）人。一生不曾做官，与辛弃疾、杨万里、范成大等交游，南宋著名词人和诗人。这首诗是诗人拜访范成大后，在返吴兴途中写的。诗的大意是：小草从沙地里冒出了头来，积雪融化了一半，吴宫遗址上寒烟笼罩，河水向远方流去。梅花在夹岸的竹丛深处开放，虽然无人看见，但那幽香整夜伴随着我穿过了一座座石桥。

全诗取景上偏重于“冷的色调和朦胧的景观”，细草、沙岸、残雪、吴宫、烟水、梅花、竹林、石桥八种景物迭出，主景梅花以虚笔传神，尤见清空洒脱。

“梅花竹里无人见，一夜吹香过石桥”，这两句诗是描写梅花的佳句，诗人在此将梅花的身影隐去，而让人凭借嗅觉闻到阵阵的幽香，以此来判别竹里梅花的存在，并把梅花放到竹丛中。我们知道，松竹梅被誉为“岁寒三友”，象征纯洁高尚的品格。作者写竹中的梅，使全诗呈现出幽淡朦胧、纯净高雅的意境，达到自然高妙的境界。

这两句诗对梅花的描写可谓传神而又不俗，既描写了梅花的风格，又渗透了诗人的一身傲骨和高洁的品德。它和林和靖描写梅花的佳句“疏影横斜水清浅，暗香浮动月黄昏”，有着异曲同工之妙，两个诗人从不同的侧面展示了梅花特有的情致。如果把这样精练而又韵味十足的诗句，用于现代我们对梅花的描写之中，将会使我们的文章锦上添花。同时，我们也应该学习古人的这种对事物的描写方法，特别是他们借梅花这个物象来表明自己的心志，托物言志，挖掘出了梅花的象征意义。

深夜无风莲叶响

梦回荒馆月笼秋，何处砧声唤客愁。
深夜无风莲叶响，水寒更有未眠鸥。

林景熙《梦回》

林景熙，字德阳，温州平阳（今属浙江）人，南宋著名诗人，太学生出身，做过泉州教授和从政郎等小官。宋亡不仕，隐居家乡。这首诗的大意是：梦中回到了荒凉的客馆，只见秋月惨淡，笼罩着四周。什么地方的捣衣声唤起了客人的悲愁。深夜里没有风但莲叶沙沙作响，水冷尚未入睡的鸥鸟在莲叶中辗转反侧。

这首诗叙写了诗人的梦境及大梦初醒后的精神状态，借景抒情，表述诗人家国破灭之后的悲凉心境。“深夜无风莲叶响，水寒更有未眠鸥”，这两句诗重在写景，描写秋夜景色的孤寂。秋天是一年四季走向衰老的季节，它给人的是一种荒凉，秋景反衬了自己愁肠百结、彻夜不寐的心情。“无风”“叶响”二者本身构不成因果关系，深夜无风，莲池应是静悄悄的，莲叶也是静止的，何来“叶响”？原来是“未眠鸥”在作怪。这两句诗全都是描写景物的语言，但字里行间渗透出的是作者的感情。景中有情，情寓景中。

我们在作文时，可以引用这两句诗。一来表现自己的愁苦心绪，人生往往有不如意之时，这时的人往往愁肠百结，夜不能寐，辗转反侧。此时此刻，用这两句诗来表达自己的感慨是再恰当不过了。二来可以用来写秋夜之景，如果写一篇描绘秋夜的散文，表现自己愁苦的心绪，可以引用这两句诗。但一定要注意原诗的意境和感情，切不可乱引。

采莲南塘秋，莲花过人头

采莲南塘秋，莲花过人头。
低头弄莲子，莲子青如水。
置莲怀袖中，莲心彻底红。

《西洲曲》

这是一首经过文人加工的民歌，产生于长江流域。全诗为五言，共三十二句。内容是一女子对情人的思忆。开头说她想起曾经在西洲梅花落的时节的情景可成追忆，便寄一枝梅花给那现在江北的情人，以唤起他相同的记忆。以下便写她从初春到深秋，从清早到傍晚对他的思念。前面抄录的几句歌词是写她初秋时的一种怀念，一边采莲一边想心事。

这几句歌词的好处有两点。一是对江南妇女劳动情景的生动描写。二是借用双关语，以事物的特征暗指人的情思。先说第一点，莲生于南方水乡，是既有观赏价值又有经济价值的水生植物，江淮流域水塘湖边有大面积的种植。初秋采莲子，即莲的籽粒，可以食用或入药；深秋采莲藕，可以做菜用，也可做成藕粉。因而采莲是极有地方特色和季节特色的活动，女子采莲又是绝好的生产景象。有江南生活经历的人对此十分熟悉，而如离开江南，这景象出现在思维中就是对家乡的回忆。朱自清的《荷塘月色》中写到因北京住宅附近的一个荷塘而想起了《西洲曲》中的这几句歌词，由此又想起了自己的家乡江南："今晚若有采莲人，这儿的莲花也算'过人头'了；只不见一些流水的影子，是不行的。这令我到底惦着江南了。"第二点，将真实的外在活动描写变为心理描写也是颇有趣味的。"莲"与"怜"谐音，"莲子"即"爱你"，"莲子青如水"即爱你之情像水一样深长，"莲心彻底红"即爱心彻底红。将一种常见的生产活动写成女子相思的心理活动，真是难得的奇妙。这是我们汉语的绝妙处，这种诗歌的妙处是依附于语言的特点，所以它不可翻译，将它译成别的语言，这种特有的韵味也就失去了。而且，作为民歌，辞句十分通俗自然好记好诵，平白如话，朗朗上口，也是它的好处。这几点都值得我们写作时参考借鉴。

冗繁削尽留清瘦

四十年来画竹枝，日间挥写夜间思。

冗繁削尽留清瘦，画到生时是熟时。

郑燮《题画竹》

这首诗是作者谈艺术创作心得的，是对艺术规律的一个形象概括。他在画论中说：“始余画竹，能少而不能多；既而能多矣，又不能少；此层功力，最为难也。近六十外，始知减枝减叶之法。”笔者于绘画是外行，不能谈具体的艺术技法，试从外行说外道。这首诗给我们的启发有两点。其一，艺术创作是十分艰辛的事业，若有所成就，非持久耐苦不可，一个从事艺术的人，必须有专心于艺术、终身以之的精神。画家画竹四十年，从二十岁到六十岁，“日间挥写夜间思”，将一生最好的时光精力都花费在画事上了。且用苦功和勤思考相结合，艺术上的成功，不仅是“功到自然成”的问题，还需要用心思考，用直觉力去悟、去参，观察、分析其规律，慢慢体味其中的奥妙，才能有长进。有人为学只会下苦功夫、笨功夫，但收效甚微，大概与他不肯用脑思考，不善于总结、发现、感悟有关系。功到是量的积累，心到才能产生质的飞跃。其二是如何处理“笔下竹”和“眼中之竹”的关系。艺术创作是照搬自然物象还是不拘泥于物象，有所发挥？中国画讲究以形写神，写事物的外貌外象不追求照搬、酷似，而是抓住它有意味的特征加以勾勒，借以传达对象的精神。那么，这物象的精神是什么呢？这与作者的主观倾向有关系，郑板桥所见的竹的风韵是坚劲、独立、有节，它立根于山石破岩之中，当然是“清瘦”的。所以他笔下的竹不是枝繁叶茂生长于肥田沃土中的竹子。荒野中依石而生，寥寥数枝，迎风而立。这样的竹就是“生”竹，有灵性、有韵味之竹，它是审美意象，不复是自然界的原来物象的再现。这也正好是诗人人格志趣的表现。

上述两点都可以作为我们写文章时的话题思路。可用的地方较多，明白了即会用。

春来无处不茸茸

嫩碧柔香远更浓，春来无处不茸茸。
六朝旧恨斜阳里，南浦新愁细雨中。
近水欲迷歌扇绿，隔花偏衬舞裙红。
平川十里人归晚，无数牛羊一笛风。

杨基《春草》

杨基，字孟载，祖籍四川，后迁居浙江，元末明初著名的诗人。《春草》这首诗的大意是：柔嫩葱绿的芳草，散发出阵阵的芳香，越往远处香气越浓，春天到来了，到处春草都绿茸茸的。在斜阳的余晖中联想起六朝的旧恨，在绵绵的细雨中又增添了南浦离别的新愁。水边的春草和野花似乎变成了当年的歌扇，当年的舞裙又化作了今日的野花。平川十里，牧人晚归，无数的牛羊伴随着悠扬的笛声在晚风中踏入归途。

这首诗借春草表达诗人对生命意义的思考，其中的“嫩碧柔香远更浓，春来无处不茸茸”这两句诗，把春草写得淋漓尽致，堪称歌咏春草的佳句。我们常常作文写小草，歌颂小草的平凡，歌颂它默默无闻的奉献精神，但是对小草形象的刻画往往不是那么精细。而诗人在这两句中却对春草作了精雕细刻，写了春草的颜色、形态、气味和远景，其中的“茸茸”二字，把春草的嫩、多、软、盛的特色，形容得逼真动人，如近在眼前。所以我们在写小草外形的时候，可以引用这两句诗作辅佐，以增强文章的诗情画意。这两句诗一般适用于记叙文特别是散文中，因为它是对春草的形象性的刻画，所以在议论文中用得较少。

“没有花香，没有树高，我是一棵无人知道的小草，从不寂寞，从不烦恼，你看我的伙伴遍及天涯海角。”这几句歌词写活了小草的品性，而杨基的这两句诗写尽了小草的外形，我们在作文时适时引之，可以为我们的文章增光添彩。

一语天然万古新

一语天然万古新，豪华落尽见真淳。
南窗白日羲皇上，未害渊明是晋人。

元好问《论诗十三首（其四）》

元好问不仅是著名的诗人，同时也是一位卓越的诗歌评论家。他曾写过论诗的绝句三十首，评论历代的诗人，这是其中的第四首，是评论晋代诗人陶渊明的。诗的大意是：陶诗句浑然天成，万古弥新，豪华的外饰剥落尽，见到了真诚淳朴。南窗下白日当空，清风拂着卧榻上的陶渊明，有似上古人真淳质朴，尽管他是晋代的人。

“一语天然万古新，豪华落尽见真淳”，这两句诗是对陶诗艺术成就的精确概括。我们知道，陶渊明的诗在艺术上具有独特的风格和极高的造诣。他的诗给人的突出印象是平淡自然。陶诗虽然平淡，却不浅薄，相反却使人感到淳厚有味，这是诗人经过高度艺术提炼的结果，所以达到了“豪华落尽见真淳”的境界。元好问的这两句诗评受到众多文评家的称颂，可见诗人对陶诗的领悟之深。

这两句诗告诫我们在作文时不要追求豪华的文风。浓词艳句不等于好文章，平淡自然不等于无文采。凡事要恰到好处，要把握好度。正如鲁迅所说的作文太作不行，不作也不行，就像用一棵大树和四棵小树做一个桌子和四个凳子一样，如果只把它们锯成木桩，不免太粗糙，总得把它们刨光一下才好，但如果全体雕花，那又做不来。写文章就是这样，有些初学写作的人认为词采华丽的文章才是好文章，所以不惜一切功夫去追求奢靡豪华的辞章，结果为辞害意，不伦不类。我们说好的文章应以意为主，文华朴实，应追求那种“天然去雕饰”“村姑戴野花”的情趣。不是不讲究文采，而是对豪华文采的一种超越，就像周作人的文章，故意以一种平实冲淡之气来叙写风土人情、俗人雅事，反而让人读来意味隽永、回味无穷，显示了文笔的老到。所以，“一语天然万古新，豪华落尽见真淳”这两句诗，可以作为我们写文章时的座右铭，它是我们锤炼语言的至高追求。

脉脉不得语

迢迢牵牛星，皎皎河汉女。
纤纤擢素手，札札弄机杼。
终日不成章，泣涕零如雨。
河汉清且浅，相去复几许？
盈盈一水间，脉脉不得语。

《古诗十九首·迢迢牵牛星》

牛郎织女的神话，在东周时已有雏形。《诗经·小雅·大东》：“维天有汉，监亦有光。跂彼织女，终日七襄。虽则七襄，不成报章。睆彼牵牛，不以服箱。”古人观察天上星体在昼夜朔望四季等不同时刻的出没、位移、明暗等种种变化，星河浩瀚，天象高远无极，于是发生种种遐思冥想，最自然的想象就是将宇宙天地社会化、人情化，用人的社会经验去设想天上的情景。古人确信天人一理，万物有灵，往往将现世未能实现的理想寄托于天界。古代对天文观测的实象，都加以神话说明，每一星体都是一人格神，太白星、二十八宿、牵牛星、织女星都是人格化的。《史记·天宫书》：“婺女，其北织女。织女，天女孙也。”“织女三星，在河北天纪东，天女也，主果蓏丝帛珍宝。”织女星是女性，天帝的孙女，管天上瓜果纺织之事。《诗经·大东》中描绘的星象位移变化就有了一点人情味。天上也有如地上的河汉，叫银河，耀耀发光。那倾着脖子的织女星，一天移了七次地方，但她移来换去，就是织不出来布帛纹章。再看那牵牛星啊，就是架不起牛车厢。但还未演绎成完整的人物故事。《迢迢牵牛星》则形成了一个人物故事梗概。南朝时，则敷演成较完整的故事：天帝怜织女独处，许嫁河西牵牛郎，嫁后织女不再织布，天帝生气，让她回河东，但许她一年一次与牛郎相会。再往后就增添了枝叶，故事变得曲折生动：老牛通神，助牛郎得天女为妻，在凡间生儿育女，男耕女织，生活幸福，后王母下凡强携织女回天，牛郎听老牛言，牛死则剥其皮、蹄，披于身，蹬于足，于是登天直上，几乎追上。王母用金簪凭空划出一道天河，挡住牛郎去路。后天帝王母恩怜，许牛郎织女每年七月七夕鹊桥相会云云。

赏析这首《迢迢牵牛星》，对我们作文可借鉴之处有两点。其一，美妙而又合理的想象。牛、女两星，隔河相对，河汉清且浅，相去没多远，但他们就是不能走到一起去。牛、女有情，天河清清，这想象依托着实景，由实景自然生发，由实到虚，以人事寓物象，因而给人真切合理之感。文艺创作没有想象则不成作品，神话、诗歌就是人类驰骋想象、抒发愿望的结果。但这想象又要以一定的人情事理为依据，虽为虚构，但有情理之真实，所以能动人。否则，仅仅是异想天开的东西，往往没有艺术生命力。其二，借神话形式，暗写人间男女哀怨，即所谓借喻、引喻方法的使用。这种方法较直接写更有意味。“盈盈一水间，脉脉不得语”，在古代社会，有情的男女受社会家庭乃至个人心理等的限制，

常常暗地相思，难通款曲，终身隐忍，便有咫尺天涯之哀痛，这两句诗太形象了，概括力极强。《古诗十九首》成于汉代，这种咫尺天涯的男女哀怨故事，两千多年来一直在人间不断发生着。“盈盈一水间，脉脉不得语”成为有丰富历史内涵、审美内涵的诗句。

杲杲出日

伯兮朅兮，邦之桀兮。
伯也执殳，为王前驱。
自伯之东，首如飞蓬。
岂无膏沐？谁适为容。
其雨其雨，杲杲出日。
愿言思伯，甘心首疾。
焉得谖草？言树之背。
愿言思伯，使我心痗。

《诗经·卫风·伯兮》

这是一首妇人思念征夫的诗作，其大意为：我的夫郎啊，真英武！你是咱们国家的英雄。夫郎啊，你手执长殳，为王师做前锋。自打夫郎去东征，为妻我的头发就乱蓬蓬。哪里是因为缺少头油浴液，悦己者不在我为谁美容。下雨吧，下雨吧！谁料却出了个红彤彤的日头。朝思暮想我的夫郎，不怕头痛不怕心伤。到哪里去找忘忧草？北堂之下有栽培。朝思暮想我夫郎，叫我心痛又伤悲。

文题上引出的这句诗有两点可注意。其一是写作时表示天不遂人愿，种瓜得豆之类情景时使用。你希望什么，它偏不来什么；你不希望的，它却不招即来，挥之不去。适当引用这句诗，可形象地表达出这种无奈心态。其二是为形容之用。“杲杲”，形容太阳色线光亮鲜明。《文心雕龙·物色》：“杲杲为日出之容，瀌瀌拟雨雪之状。”茅盾《雾》：“既然没有杲杲的太阳，便宁愿有疾风大雨。”还有，这首诗中的“自伯之东，首如飞蓬”“岂无膏沐？谁适为容”也都是非常精彩的诗句，描写女为悦己者容而心上人不在的心灰意懒的心态，岂不现成？

梅须逊雪三分白

梅雪争春未肯降，骚人搁笔费评章。

梅须逊雪三分白，雪却输梅一段香。

卢梅坡《雪梅二首（其一）》

作者卢梅坡，宋代人。此诗抒写梅花雪景，极富人情意味。梅花绽放，雪花飘飞，两者都争春艳，不见高低。这两者谁胜谁输，让诗人搁下诗笔颇费思量。这样说吧：若论颜色之洁白，梅应逊雪三分成色；若论芳气，雪却没有梅花的幽香。

诗家作为评判者，评出了雪与梅各自优胜。但到底输赢胜负如何，不能一概而论，只能说各有佳处，都称绝美。春雪飘飘，梅花迎雪绽放，是早春极美的景色，令诗人蛰伏了一冬的心突然激动起来，引发了他强烈的兴趣，忘情地观赏起来，觉得雪花梅花似两个人间美少女一时竞起美容美貌来，竟然要他来做评判。诗人欣然应允，并极认真负责，仔细地观察品鉴这两美的特点个性，终于给出了他的品评意见。论视觉美，雪尤白，梅略逊，雪胜；论嗅觉美，梅体含暗香，沁人鼻息，雪则无嗅，梅胜。这个评判当然是公允的，两美皆欣然认可，各有特色，不可互相替代。早春之景，缺谁都不完美。

雪之为物性寒，春雪则温，为人所乐道。春雪飘飘，春雪融融，孕育万物的生机。梅之为物，早春绽发，春寒料峭，其他草木尚伏藏待暖，不敢露生机，两相比较，梅的精神尤可贵。诗人有感于此，将这两种景物放在一起来写出，感悟甚妙，描述极巧。把两种无意识的自然之物写成了具有思维意志的人类，而且是结合了它们各自的特点来写的，显得自然合理。在诗作中，自然物的形象中蕴含着人的精神或者叫作人的思想情感，人格意志借助自然物象表现出来，这是常见的情况。但应注意的是，自然事物的本来特点、习性是有相对的客观性的，有一定的客观倾向，作者的主观寄托必须与对象的特点相符合，结合得要巧妙，否则就会拙劣无味，既歪曲了物象，也损害了情志。拟人的手法、托物言志的方法不可滥用，除了有真情实感，还得有善于体察物理之妙的功夫。人情物理相通，即有成功的拟物之作。

人情事理
KEWAI YUWEN
YINGYONG XILIE

哀哀父母，生我劬劳

蓼蓼者莪，匪莪伊蒿，
哀哀父母，生我劬劳。

《诗经·小雅·蓼莪》

这首诗抒写儿子对父母的怀念及自责之情。大意是：父母生养而又抚育自己，艰辛劳苦，殚精竭虑，不仅劳体，而且劳心，父母恩情似高山。如今父母不在了，为人子者精神上、情感上，又能依靠谁呢？想到父母未得儿子终养即弃世而去，养育之恩未得回报，为人子者的心情更是无以复加的自责、悔恨，以至呼天抢地，悲怆至极！全诗共六章，引文为第一章。

前两句为比兴，但为什么以莪、蒿作比兴，后世的解释都很勉强，这里不说也罢。“哀哀父母，生我劬劳”，用今天的话说就是：可悲呀父母，你们生我多么辛苦。

父母之于儿女，血缘之亲，本自天性，许多动物也有亲情，可是人高于动物的地方，在于这种亲情不仅是自然的，而且是自觉的；不光是本能的，也是理性的。父母生养儿女，不管多么辛劳苦累，都是心甘情愿的，无怨无悔，有无回报都一样。这一点出自天性，与动物相近。而做子女的感悟父母的恩德，敬养以报，则是人类的理性、社会性使然。中国传统文化把亲子关系认作是最重要的人伦关系，表示儿女对父母的敬爱之心之行有一个专门的词叫孝（这在人类各民族中是独一无二的）。社会评价一个人，首先看他对父母孝不孝。为什么呢？孝，就是感恩，就是回报。一个孝敬父母的人，就是有感恩之心、有良心的人。这样的人才能够做出对社会、对他人，乃至对国家民族有益的事情。

现代社会受西洋文明的影响，讲究如何做好父母，注重父母对儿女的责任义务，不怎么讲究儿女如何孝敬父母，尤其是近二十年来，中国社会人口发展出现了历史上没有的现象：一代独生子女，这种状况就更加突出。现代的青少年从父母以至祖父母处得到的关爱、利益真是太多太多了，从衣食住行到娱乐、教育、婚嫁……做父母的几乎是费尽心血，倾其所有，尽其所能。作为读书人，如果我们有良知、有觉悟，就会意识到我们享受这一切物质的条件及精神关爱的背后，都有天下父母的心血和辛劳。古人“哀哀父母，生我劬劳”之歌就如同从我们心中涌出，有了这种发自内心的道德情感，我们也会写出好文章来。

脊令在原，兄弟急难

脊令在原，兄弟急难。

每有良朋，况也永叹。

《诗经·小雅·棠棣》

诗较长，共八章，引文是第四章。诗中的脊令，即鹡鸰。本是水鸟，今在高原，失其栖所，自是惊恐急难。诗用“脊令在原”起兴，比喻人遇急难须得兄弟援救，如脊令失所飞鸣求类一般。可是虽有朋友，对你的急难，只是送来一声叹息，无奈而已。

诗中写道，只有兄弟们能共患难，“凡今之人，莫如兄弟”，人死了，只有兄弟纪念；走失了，只有兄弟来寻找；他们虽然也在门里斗，但会同心抵御外侮。不过一旦天下太平，生活宁静，有时兄弟不如朋友。

古人重血缘，“骨肉缘枝叶，弟兄如手足”“打虎亲兄弟，上阵父子兵”……都是这个意思。当然亲兄弟而外，又有结义兄弟，对天盟誓，结拜金兰，意思是虽非血缘兄弟，但情义是如同亲兄弟乃至胜过亲兄弟，如《三国演义》中的刘备、关羽、张飞，《水浒传》中的梁山好汉也都讲究同生死、共患难。即使不结义，凡在一起吃苦患难的，也都称作兄弟。而在一起交游玩乐的，即使过从甚密，也只称为朋友，所谓“患难兄弟”“酒肉朋友”。本诗中的这种观点，今天看来未必尽然，但它反映了古代社会中一种真实的人际状况，我们需要了解，未必去厚非。“鸰原”一词，古人因此代指兄弟，如杜甫《赠韦左丞丈济》诗：“鸰原荒宿草，凤沼接亨衢。”范成大《新馆》诗：“鸰原定相念，因风报无恙。”当然，在特定情况下，“鸰原”一词的含义也可以扩大，表示同一民族、同一阶级、同一营垒，乃至同一文化的共同体内部的成员的关系，而相对于他者（敌人），如在抗战时期，国共两党可称“鸰原”，朝日战争、朝美战争，越法战争、越美战争期间，中国与朝鲜、中国与越南之间也可以称为“鸰原”。至于现在的青年学生，在需要兄弟姐妹（乃至要好朋友）帮助的时候，就可以用“脊令在原，兄弟急难”来表达自己的心情（写信求助），或者你帮助了人家的急难，人家感谢你，你作为辞谢，也可用这两句诗。当然，你记叙了这类事，也就写进作文里去了。

率土之滨，莫非王臣

溥天之下，莫非王土。
率土之滨，莫非王臣。
大夫不均，我从事独贤。

《诗经·小雅·北山》

这两句诗出自《诗经·小雅·北山》。周王室小臣痛感劳役艰苦且又上下劳逸不均，苦乐悬殊，待遇不公，于是作此怨诗。全诗共六章，引文为第三章。其大意为：普天之下呀，都是王的领土。四海之内呀，都是王的臣民。当政的高官不公平，唯独我的差事这么辛苦。

王者又叫天子，代替天统领天下的土地人民。王权天授，万民臣服，天经地义。中国自上古就确立了这种观念，并且几千年来由社会制度确立下来，虽然也有人存有疑惑，却不敢公开讲，历代的最高统治者及其御用知识分子不断强化这种观念，为其寻找各种根据。有传说记载：伯夷、叔齐在武王伐纣建周天下之后，自以为仍是商的遗民，不食周粟，而以首阳山的野薇为食。可是有人对他们说："溥天之下，莫非王土哇，你这山上的野菜也是王土所生啊……"于是夷、齐竟连薇也不吃了，活活饿死。从近代以来的科学民主立场来看，这种观念显然是错误的、不合理的。但历史看，在古代社会的条件下，它对国家民族的统一、凝聚，社会的稳定与秩序有强大的维系作用。其实历代的所谓贤哲，并非全部是昏庸迷信之辈，确信"君权天授"这么回事，主要还是从社会的制度及精神需要来认同这种观念的。

我们今人在接受或使用这两句诗时，可以将"王"的内涵改变一下，赋予它文化的含义。"溥天之下，莫非王土"——所有我中华的疆域，都是我历代先民开发、生活的地方，其陆地、水域、天空一寸也不能丢，一寸也不能分。"率土之滨，莫非王臣"——凡我中华领域所生养的各族人民，都是中华历史文化的继承人，都得益于山川、气候、物产的滋养，也都领受了祖先创造的功业、道德、知识、思想等传统风习的熏陶与庇护。因而我们先天地对国家民族负有责任，所谓继往开来，不负于先人，无愧于后人。

从写作技巧上说，"……，莫非……"意谓绝对如此，毫无例外。这种否定之否定的肯定性句型，语气尤其坚定，透射出"言志者"一种不容置疑、无可辩驳的气势，值得我们揣摩借鉴。

蟋蟀在堂，岁聿其莫

蟋蟀在堂，岁聿其莫。
今我不乐，日月其除。
无已大康，职思其居。
好乐无荒，良士瞿瞿。

《诗经·唐风·蟋蟀》

原诗共三章，引文为第一章。大意是：蟋蟀进堂屋里鸣叫，这一年日月就要过去了。现在我若不行乐，时光就白白过去了。不要过度享乐，还要想想自己的职责。好乐呀，切莫荒唐，贤者行乐不会忘乎所以。第二、第三章的大意与第一章相同，作为乐歌反复之用。

蟋蟀入堂当在农历九月深秋时节，农事已毕，此时，年岁已晚，进入农闲时节。终年劳苦，现在可以宴饮为乐了。若不享乐，就辜负了这段难得的闲暇时光。然而，乐而不淫，不要什么都忘了，各人还要心存责任感，享乐之后，还要去劳作。人生之事，即劳作与享乐的交替过程，都是生活的需要，但人们往往好乐恶劳，也有人只知劳作而不会享乐，这都不是完美的人生。当然，耽于享乐危害大，历史上有多少因沉溺享乐而破产败家乃至亡国毙命的，故此诗之戒，意味深长。努力学习，勤奋工作，又会游戏享乐。创造财富，享受人生，两者都不偏废，应该是现代人的生存方式。

“蟋蟀在堂，岁聿其莫”，为我们写作之用可取其二义。其一，作为记叙文中交代季节的起兴句，以下再描写人事、景物，乃至抒情骋思。当然要是真的遇上蟋蟀跑到屋里来叫才好，如今城里人已难得听到室内秋虫之声了。其二，秋去冬来，一岁倏忽间流逝，草木一秋，人生一世。取其日月无情，时不我待，年华易逝之义，以激励自己珍惜时光，奋发有为之意志，用作自己人生的鞭策。

死后是非谁管得

斜阳古柳赵家庄，负鼓盲翁正作场。
死后是非谁管得，满村听说蔡中郎。

陆游《小舟游近村，舍舟步归四首（其四）》

陆游是一位爱国心、功名心极重的文人士大夫，同时也是历史上很有代表性的失意骚人，属于生不逢时，壮志难酬，含恨而殁的那一类。即如这首读起来情趣恬静，颇具水墨画意的诗，也不是纯然的消遣适性之作，其间流露出他晚年对人生、对历史的无奈。

诗的前两句写诗人舍舟登岸，信步游来所遇见的场景：有一村，名赵家庄，古柳荫下，傍晚时分，一盲翁正作场卖艺，击鼓说唱。唐宋以来，艺人以鼓子词讲唱故事，素为乡民喜闻乐见。诗中所记在当时农闲时节是常见场景，不足为奇，因而诗人的用心着意在诗的后两句，因见闻而生发的感与思，即所谓的“夹叙夹议”。全村的乡民都来围场坐立观听，听到的内容是什么呢？是蔡中郎，即蔡邕的故事。蔡邕，字伯喈，汉末陈留圉（今河南杞县）人，献帝时拜左中郎将，故世称蔡中郎。史书有传，说他少博学，好辞章、数术、天文，妙操音律，又工书法，通儒家经典，尤其稔熟汉代史事，且为人忠孝素著，名重当时。但他的生平很是坎坷，中年因上书论朝政阙失而获罪被流放，遇赦后又遭宦官迫害，流亡江海十余年。后董卓当权，看重蔡邕才学，逼迫他入朝就职，以至拜将封侯。董卓被诛后，蔡邕遭受牵连，王允捕之入狱。蔡邕自请黥首刖足，续成汉史，不获允许，遂死狱中。蔡邕有司马迁之才志，但遭遇似更为不幸，不能续写汉史，赍志而殁，当朝以至后世都至为痛惜。

历史上的蔡邕如此，可是在说书人的故事中，蔡伯喈考取功名，官拜中郎将，但他贪恋荣华富贵，攀附权门入赘，以致弃亲背妇，忘恩负义，后得恶报，为雷霆殛毙。

如蔡邕这样德才超伦之士，不仅生逢乱朝末世，志不得行，身后又无端遭人编排敷演，岂止风马牛不相及，面目全非，实为善恶美丑、是非曲直全颠倒，供野老村妇笑骂唾弃，这不是天大的千古冤枉吗？这人间世道还有公平吗？蔡邕已故去千年，自然不能起死回生为自己鸣冤叫屈，就是现世在场的诗人陆游自己也无法替蔡平反昭雪。鉴古视今知来者，人生不满百，在世已多不称意，百年千秋之后的声名是非更是无可顾及预料的了，蔡伯喈如此，我陆游也未必不如此，思前想后，只有感叹无奈而已——由它去吧。

读陆游这首诗，对我们今人有这样的启示：

其一，文艺作品中的人物、故事，并不就是历史上的人物、故事。古今的讲唱、小说、戏曲等多取历史上的人物、事件为名堂，听着、看着就像真的一样，某代某朝、姓名字号郡望，一丝不差，其事迹或有一鳞半爪，但总体上是虚构杜撰，与历史真实已毫不相干。

其二，以历史为底本的所谓较严肃的历史题材作品，虽有史料作基础，受历史通识限制，但其人物行事、性情已与历史记述相去甚远，其间有许多移花接木、张冠李戴、夸张虚拟之处，不可等同于信史。如《三国演义》就是。

其三，中国民众的历史知识、历史观念，大部分从观听此类文艺作品得来，历史精神借此得以承传，其源远流长，影响至巨。

总而言之，中国的文艺和历史有密切的联系，文艺借历史得以厚重真实，历史借文艺得以流传。但从两者互动的关系看，首先是文艺借重了历史，是受益者和主动者，那么文艺在处理历史题材时，理应有严肃认真的态度，尊重历史，不该“忘恩负义”，为了所谓的“观赏性、趣味性”而随心所欲地去篡改、歪曲乃至亵渎历史。观看当今泛滥成灾的历史题材的小说、电影、电视剧，我们不由生发出“死后是非谁管得，满村听说蔡中郎”这样的感叹，我们与陆游相隔千年，但也会旷世相感起来。

时人不识余心乐

云淡风轻近午天，傍花随柳过前川。

时人不识余心乐，将谓偷闲学少年。

程颢《春日偶成》

作者程颢，北宋洛阳人。著名理学家，与其弟程颐称“二程”，对儒学的发展影响甚大。

这首诗是一首即景诗，作者春游，风光宜人，心生感触，于是发而为诗。天晴云淡，轻风拂面，时近中午，诗人在花丛柳树间穿行，来到了前面河畔。别人不了解我心底的真正快乐，还以为我是像年轻人一样，只顾得玩耍呢。

这样好的季节、时辰、天气、风光，除了利欲熏心者、忧心忡忡者，任何正常的人都会心生感动。春日的自然美最富魅力，最怡人性情。春游成了中国古人最喜爱的一项审美活动。《论语》上记载，曾参对孔子说，自己的思想生活之一是春服既成，几个书生，三五随童，到沂水边去，戏戏水，迎着柔暖的春风，边舞边歌，尽兴而归。孔子深表赞同，说自己也是如此。不过，儒家欣赏春日美景，不仅是为了怡情消闲，求耳目之乐，较之普通人有更深的用意。那就是，通过欣赏自然美，激发生命意志，陶冶人的情操，提升人格修养。人的完善仅仅靠知识教育、伦理教育是不够的，必须有审美教育相辅。对有极深修养的理学家程颢来说，明媚温丽的春光所显示的自然之理，即天地万物之理，与自己的主体心境是融通妙合的，是互相印证的。通过欣赏体验自然风光，了悟了、证明了人生的真理，或者说学者自己参悟的人生真理在欣赏自然风光时得到了印证。春风的柔媚、明丽、和谐，正与诗家恬淡自然而又自强不息的心境相契合。所以，诗人才说他的愉快是一般的庸俗世人（时人）所不了解的。虽然都会有春游之乐，但乐的原因有差异；虽然对春光都有亲切的领略，但由感动而引发的思索、体悟却有深浅、高低、多寡之别。我们青年学生当然不可能有如程老夫子那样的修养功夫，但是我们可以学着在欣赏、感受外物的时候，不止于感性的喜怒哀乐，要进而上升到品味、思考、联想，才能有所得。这就是这首表面上通俗浅近的诗给我们的启示。

万紫千红总是春

胜日寻芳泗水滨，无边光景一时新。
等闲识得东风面，万紫千红总是春。

朱熹《春日》

作者朱熹，南宋婺源（今属江西）人，理学的集大成者。旧时代私塾儿童读的四书，就是他注解的，他的思想对中国近古影响很大。

这首《春日》，也是一首即景诗，以春游为题材。一个春天吉日，诗人去泗水畔游览赏花，放眼看去，天地风光景物，一时间焕然一新。如此轻松随意就认识了东风的面目，百花盛开的景象啊，那就一定是春天。

若作为一般的写景诗，此诗虽清新自然，也算不得什么特殊。但诗人的落脚点不在景色，而是通过写景表现理趣，即从自然景物中见出其内在道理。“等闲识得东风面”，东风即春风，古时用风的方向代表四个季节，夏天叫南风，秋天叫西风，冬天叫北风。风的方向透露着季节的消息，因风而知天地季候的变化、万物的生盛衰枯以及人情的感应。风太神奇了，力量太大了，能使天地变色，对万物生杀予夺。如此说来，世间万种生物最喜欢的风当然是春风。春风是催生的，是流洒爱的，是撩情的，是播美的。朱熹的一位本朝先辈王安石有一句诗“春风又绿江南岸”，说的就是这意思。“万紫千红总是春”，朱熹这里又说，只要你爱春天，用心、用本性去感应春天，就能认识神奇的春风的道理，哪里有生机勃发，哪里有欣欣向荣，哪里有百花盛开、万紫千红，哪里就是春天的所在，就是春天的面目，就是春天的道理。

“万紫千红总是春”一句既是对春的概括和赞美，也引申扩大为对充满生机的任何新生事物的概括和赞美。如可以用它来象征一个新的国家，一个初创的经济格局，一种新的政治气象，一种新的文化艺术精神，一种新的生活趋向。总之，用于象征有前途的、美好的、正义的任何事物。我们使用这句诗来抒发赞叹的对象，也一定是有正面的、积极的本质的事物。

只缘身在此山中

横看成岭侧成峰，远近高低各不同。
不识庐山真面目，只缘身在此山中。

苏轼《题西林壁》

西林寺在庐山七岭之西，苏轼遍游庐山，最后与总长老同游西林寺，作此诗题在寺的墙壁上。当时苏轼游庐山，颇历时日，有七首诗留传下来，这首诗是最后一首，是他遍游庐山之后写的对庐山的总体观感。庐山古时又名匡庐、匡山，位于长江下游九江以南，鄱阳湖之北，可谓襟江带湖。其界域呈椭圆形，长六十里，宽三十里。因八千万年前地壳断裂下陷所形成的地势，它似从平原中拔地突起，其最高峰高出附近平原一千四百多米，有七道岭九十多座山峰，绵延蜿蜒，巍峨峭拔，山高谷深，雄伟绮丽。常有云霭缭绕其间，所谓奇峰千重雾。特定的地理和气候条件，形成了庐山多彩多姿的风貌。朝夕之间，阴晴之日，风云雨雪，春夏秋冬，庐山都会显出不同的景象。至于某一入山游览的游客，因其所处的位置、角度不同，所观感到的庐山面目也就不同。所谓“横看成岭侧成峰”，就是由于观者相对于山体远近高低的不同位置造成的。其中每一角度、位置所见的都是庐山的面目，然而却有种种不同，那么庐山的面目究竟是怎样的呢？这是令人困惑的。诗人认为，造成这种困惑的原因是由于观者自己置身山中，其视野受到了遮蔽限制，只能看到庐山的局部景象，至于庐山的整体——“真面目”，那当然是无从知晓了。即使你走遍了庐山的每一峰、每一谷，在山上住了若干年，也仍然得不到它的总体——“真面目”。

诗人就“庐山面目”所阐述的道理说的是一个有普遍意义的事理，即人若置身局内，反倒不能清楚地、全面地认识全局的事，所谓当事者迷。当事者对事情的过程是亲自经历的，有切身的体验，不可谓不真实。但由于自身与事情有直接的利害关系，会影响自己的理智对这件事的性质意义、效果等的客观、公正、完整的判断。为了保证判断评价的客观性，判断者应出乎其外，站在事外人的立场来评价自己曾参与其中的事情，庶几可得其“真面目”。历史上、生活中的许多事情、问题、现象，当时当事的人的感受、认识，自然十分强烈、真实，他们自己也绝不怀疑。而一旦时过境迁，人们的认识往往发生变化，乃至截然相反，因而追悔自己当初为什么那样，而不是这样。明白了这个道理，我们对待有些事情需要做判断、需要表态，或者有所行动时，就应该站得高些，看得远些，从多角度、多侧面地分析它，认识它，而不要因一时的冲动做出是非善恶利弊美丑的判断，并采取行动。或者另有较简便的办法，那就是我们征求一下“身不在此山中”的人的意见，因为他们“旁观者清”，对我们一定有好处。

宋人作诗喜欢讲道理，很招后人非议，但也不可一概而论。有的诗没有生动的形象，空发议论，当然没有诗味，但若是处理得好，理因事生，理在事中，即道理包含在形象内，也未尝没有趣味。如这首诗就是如此。这点，对我们学习写作是有帮助的。

只恐夜深花睡去

东风袅袅泛崇光，香雾空蒙月转廊。
只恐夜深花睡去，故烧高烛照红妆。

苏轼《海棠》

这是一首咏海棠的诗。春风吹拂着海棠袅袅的身姿，海棠泛着华美的光泽。花香飘散在迷茫的夜雾中，月亮转到回廊的另一侧——西侧去了。惜花的人担心夜深花困将睡去，因此点燃高烛来照花容丰姿。

海棠姿容娇美，古代宫廷和文人士大夫都很欣赏，因而也是古诗词中常吟咏的题材。苏轼的这首《海棠》在同类题材中比较出色。从写作上说，诗人巧用拟人的手法，生动地描绘了海棠的华贵妖美。前两句写海棠的身姿之美，光泽之华丽，香气之弥漫，生长在富贵优雅的庭院，春风也好月色也罢，都在呵护着它。后两句以花拟人，将它比作华宫里的杨贵妃，唐玄宗曾将杨贵妃睡意蒙眬的神态比作“海棠睡未足”，李白的《清平调》中也将杨贵妃说成“云想衣裳花想容，春风拂槛露华浓”，杨是花容，春风是皇恩，名花美人互喻当然恰当。苏轼此诗似有李白的用意。这一点不足为妙。诗的最后两句“只恐夜深花睡去，故烧高烛照红妆”，确实是出人意料的奇想，非正常心态所为。一定是惜花如妻如子的人才会有这种心态行为，夜间秉烛赏花，非痴则怪。但为诗必如此，非有奇情奇思不足为诗，亦不必为诗。因而其非常之思之感即为妙诗。常人所不能，常人所不及，事未必真，诗人不会真的将花作美人，但其情则无伪，用现代话说叫情感真实。所以，我们写文学性的文体，不必像写应用文那样写实，可以展开奇思妙想，虚拟情景。虽然这样会脱离事理逻辑，但符合情感逻辑，便于表达作者的情绪愿望，这在文学上是完全说得通的。但须注意的是比拟手法的使用，两个事物之间一定有相通相近的特质。这种关系应该在一定历史文化习惯中，即这种联想非纯粹个人任意而为，它有民族历史的文化观念作支撑。另一点是作者对将要比拟的对象有真切的情感认同，否则就不便用比拟。

一枝红杏出墙来

应怜屐齿印苍苔，小扣柴扉久不开。
春色满园关不住，一枝红杏出墙来。

叶绍翁《游园不值》

作者叶绍翁，南宋龙泉人，著名诗人。这首诗的题目《游园不值》，意思是去小园游访，未遇到园主人，于是写了此行所思所见所感。大概是主人怕来人足下的木屐踩坏了园中石板上的青苔吧，小园的柴门怎么扣打也没有人来开。园内姹紫嫣红是关不住的，看那一枝红杏花伸出园墙外面来了。诗人春日去访人游园，园主大概外出已久了，因而无论如何扣打柴门呼叫，里面也没有人应，既言“苍苔”，说明园门关闭，园内无人已久。对访者来说，这是一件扫兴的事。但诗人此番造访仍有所得，园内景象高墙围堵虽不可见，但有一枝伸出墙外的红杏花也就足够了，它传达出了园内花红草绿春意浓浓的消息，不见也如见，联想则更美，这真是意外的惊喜。如果真的顺利入园，也许未必会留意这一枝旁逸斜出的红杏，入园不得门外徘徊心有不甘之下，才有这样的因缘际会。人生之事何为得何为失真是难以意料啊。

当然，此诗最有价值之处是诗的最后两句中包含的理趣。即从对景象事物的观感中悟出的有意味的道理。“春色满园关不住，一枝红杏出墙来”，描绘评述的是当时当场特定的景象，但体现的是一个朴素而普通的道理。任何美好的东西，自然界的也好，人类生活中的也好，艺术创作中的也好，它们都会顽强地表现出来，张扬出去。自然的屏障也好，人为的遮蔽限制也罢，它们总会想方设法透露出去的。生命的东西、有生机的东西总要生长起来、显现出去，这是自然界的规律，也是人类社会中的规律。

这两句诗既可用作景物描写的概括，也可用在议论中，用其引申意，作为论点的一个根据，形象而又含蓄。

呢喃燕子语梁间

呢喃燕子语梁间，底事未惊梦里闲。
说与旁人浑不解，杖藜携酒看芝山。

刘季孙《题屏》

作者刘季孙，北宋祥符（今开封）人，曾为地方官。诗题“题屏”是说这首诗要刻写在屏风上。燕子在梁间呢喃细语，它们因为什么事惊醒了我的悠闲的睡梦呢？这种悠闲的心境说给别人也不会得到知音，还是拄着藜杖带上壶酒去观赏芝山吧。

此诗写作者宁静闲适之情。无忧无虑，无冀无求，无忙无碌，无急无躁，因而在梦里也是轻闲的。被呢喃的燕子吵醒了，可见是白天睡觉，能被燕子吵醒，说明睡欲已足，若是因困累而睡是不会如此的。问燕子有什么事儿在梁间絮语坏我闲梦，虽略有怪，但并不恼，反倒有一点儿对燕子的亲近之情，把它们当作是自己的同类，这就是亲爱之情。闲身（无事才可白天睡觉）、闲心（心中宁静才能睡得着）、闲情（有闲情才能对燕子的呢喃关注而有兴趣），妙不可言，美不可言。但这世上多是忙忙碌碌的人，争名逐利的人，不安本分的人，热闹好奇的人，愚钝茫然的人……说给他们岂非对牛弹琴，难得解人。那么，谁了解我呢？还是举杯邀芝山吧，它或许能懂我的闲适之心，于是就只身拄杖携酒去会芝山。芝山在江西鄱阳县北，诗人当时为官于此。

这种闲适隐逸之情，是古代文人的另一种情怀。其生成古矣，用诗来写则是晋代的陶渊明开其宗风，后世继之不衰。在官场的文人，作为官僚一方面追求功名利禄，或叫勤于君国人民；而作为文人，另一方面向往自由的精神生活，追求诗酒歌乐游山玩水的乐趣，回避俗世扰攘，这种区别可以是一个人的两个方面。用现代的说法，前者叫作功利的人，后者叫作审美的人。有了前者，则有社会经济、政治秩序的发展与稳定，有了后者，则有了人的精神境界的提高与丰富。对整个社会的均衡发展两者缺一不可。不过就实际情况来看，近代以来社会的发展、人们的价值取向更关注功利，而忽视对自然、社会、人生的审美体验，“春天听鸟声，夏天听雨声，秋天听虫声，冬天听雪声”的人，是十分稀少了。物质条件是丰富了、方便了，实用的知识也多了、提高了，但是情感贫乏了、庸俗了，思致也无灵性了，趣味也单调恶劣了，作为人自身的丰富和超脱乃至完善离现代人似乎越来越远了，很值得人们深思。

春到人间草木知

律回岁晚冰霜少，春到人间草木知。
便觉眼前生意满，东风吹水绿参差。

张栻《立春偶成》

作者张栻，南宋绵竹（今属四川）人。在朝为官，有诗文集。这是一首写节气的诗。立春时节值腊月末，冰霜逐渐少了，春天来了草木最先知道，突然觉得眼前生意勃勃，春风吹拂水面，泛起绿色的波纹。

从节气上说，立春即是一年之始，但在历算上，立春之日可能赶在上一年的腊月下旬，即在上一年未尽之时，新一年的春天就已经来到了。古人认为律属阳气，吕属阴气，各代表一年的六个月，律回阴往即言立春。诗的作者是四川人，立春之时，北方仍是冰天雪地，南方已是冰霜稀少，草木发青，略见春意了，风也暖了，水也绿了。所以，具体地说，这首诗描写的是南方的立春节气。

节气的变化最能触动诗人的情思。四季之中，春天是生的季节，夏天是长的季节，秋天是老的季节，冬天是死的季节。人的感受也与此相应，所以春天的诗兴最多，次多的是秋天。这首诗不直接写自己对春的企盼、感知，而是先写气候的变化、草木的反应。万物都爱春，草木深植于水土之中，当然最早有生机出现。在北方，人体感到风寒料峭的时候，在向阳避风墙根处就绽出了蒿草的嫩芽。见此人们为之一振，春天来了，寒气不会久了。自然界的动植物对温度的依赖较人为重，因为人有衣冠，有居室，可以调节，所以身体器官对季节的变化感应没有动植物那么敏锐，往往是通过观察动植物的变化来调整自己的心境。古诗上也有“春江水暖鸭先知”的句子。春天的脚步可以通过许多信息传达出来，如花草树木的颜色，鸟兽虫鱼的声叫活动，水体冬天是黑的，春天地温气温略升、水中微生物繁殖、水面变绿，冬天刮北风，春天转偏东。善于观察这些变化，敏于感受这些变化，用自己的心去看、去听、去闻、去感触这些现象，那么自己的生命就和自然之物交融了，互渗了，也就体验并享受了生命的意义了。有了这些，把它写出来，就是诗了。

开到荼蘼花事了

一从梅粉褪残妆，涂抹新红上海棠。
开到荼蘼花事了，丝丝天棘出莓墙。

王淇《春暮游小园》

作者王淇，宋代人。这首诗写三春中花事的更替，此消彼长，各逞一时之秀，但春末则百花皆谢。自打梅花零落，粉退妆残，海棠就涂抹新红登场了。待到荼蘼花开过以后，花的季节就完结了，山枣树的嫩枝芽就从长着草莓的墙头上露出来了。

绝大部分花都集中在春季开放凋落，春天是繁花似锦的季节，绚兮烂兮，姹紫嫣红斗芳菲，你方唱罢我登场，把春天打扮得热热闹闹，生机勃勃。自然界的每一种花都有它开落的特定时节，每一种花都应时令开落，这是自然规律。人们观花开落而感知时节的推移，心情也随之变化。而且每种花开的时间都不长久，有的非常短暂，怒放一时即凋零，使惜花的人痛惜不已，想留也留不住。但毕竟整个春季总有花，而一旦春末夏初，荼蘼花一开过，风疏雨骤绿肥红瘦的时节马上来了。花是娇的，花是艳的，是自然界中最美的事物，但花的生命又是最短暂的，“好花不常开”。花最动人，也最令人伤感，人们往往将花的命运和人的身世联系起来，所以《红楼梦》中林黛玉有《葬花辞》，极尽缠绵悱恻之情。但这首诗的作者十分达观，认为花开花谢无非自然，新旧更替是常规，春天去了，并不是生机的中止，还有浓郁的夏天。万物茂盛，花落结果，又是一番生命的景象。为人者，不必悲伤，但可静观其开谢荣枯，了知何花应何时，体悟造物之妙，顺应时序之变，尽人生之职事。

“开到荼蘼花事了，丝丝天棘出莓墙”，两句七言诗，有似村夫野老的农谚，形象有趣中饱含着道理。这是对生活经验的概括，也是对自然现象的感应和体认，读过听过一遍就再不会忘记。

此句可用作记叙描写春天的散文中。

也傍桑阴学种瓜

昼出耕田夜绩麻，村庄儿女各当家。
童孙未解供耕织，也傍桑阴学种瓜。

范成大《田家》

作者范成大，南宋吴县（今苏州）人，著名诗人。此诗描写农家生产景象。白天去田间除草耘土，夜间搓麻织布，乡间少壮的男女每人都承担一份劳作任务。幼小的孙子还不知道从事耕织的事，但也模仿大人在桑树阴下学种瓜。

中国几千年来一直延续着农业社会状态，生产对象、生产方式相当稳定，男耕女织。绩麻即搓麻绳，用以织布，古代贫民多穿麻布衣服。由于农业开发得早，人口越来越多，生产效率低，农民必须终年不停地劳作，才能自给自足。每天的劳动时间也很长，白天在田间劳作，干重体力活，晚间在庭院室内干轻体力活，总是没有空闲。只有逢年过节，才得几日娱乐休闲。但他们并不抱怨辛苦，而是乐天知命，出力流汗，勤俭持家，不辞辛苦。他们最大的希望是风调雨顺，世道太平，缴租缴税只要不过重过刻，能得温饱略有余裕也就知足了。他们在劳作中积极性很高，其中也有快乐，或叫作因习惯了而热爱劳作。乡间的孩子，或耳濡目染，或大人教授，自小就学农活，即使他们做游戏，也都是模仿农家劳作的、与农家生活有关的形式。这首诗的好处在于它真实生动地描述了农家劳作生活的情景，写出了劳作的辛苦、农民对劳作的热情及儿童模仿劳作的情趣，真似一幅生动的农家风俗画，相当典型，具有很大的概括性。它既有社会历史的真实性，又有形象生动的艺术趣味性。作者范成大虽然在朝为官，但他早年贫寒，颇能体会农民的疾苦，所以能写出这般亲切真实的农家题材的诗篇。可以说，这是一首抒写生活美的优秀作品。

读此诗，我们除了了解古时农家劳动生活之外，要学习的是概括描写与典型细节相结合的方法。诗的前两句是概括描写，比较笼统，没有细节则缺少生动性，后两句“童孙未解供耕织，也傍桑阴学种瓜”则化概括为具体，似特写景，使得画面生动有趣，内容充实。

此生此夜不长好

暮云收尽溢清寒，银汉无声转玉盘。

此生此夜不长好，明月明年何处看。

苏轼《中秋月》

此诗借景寄情，相当含蓄。傍晚天边儿的云彩被西风送走了，天地间寒气流溢。银河之水，静无声息。明月转到天空，如同玉盘般晶莹生辉。人的一生里中秋之夜不会总能看到这么光洁的月色，明年此时此刻我会在哪里赏月呢？

中秋赏月，是传承了很久的习俗。作为天体，在古人的经验中，月亮是与太阳并列的最大宇宙景观个体（古人也称月亮为太阴星）。每月大部分时日的夜晚，它都会把清辉投向大地，使黑夜有了光明。与太阳相比，它但洒清辉而不放热，绝无芒刺之光灼人眼，人在地上可以凝神观赏它。它那依稀清晰而又斑驳的月面使人产生无限美好的遐想，古人就想出月中有吴刚伐桂、嫦娥奔月、玉兔捣药之类的神话故事。月亮将清辉洒向人间大地，地上万物隐约依稀之间呈现一种静谐神秘的美。作为审美对象，月亮对人的感情有一种轻柔的安慰作用。因而，人间有情者常常想象月亮与人生的命运、人的喜怒哀乐有隐隐约约的联系。月有阴晴圆缺，兆示人间有悲欢离合。八月十五云遮月，正月十五雪打灯，兆示人生难如愿。

苏轼此诗，借赏月之事，抒写个人人生失意无奈之情。苏轼仕途很是坎坷，几次迁官至杭州、密州、徐州。此时在徐州任，居任不定，很不得志，与家人也难得团聚。作为文人气十足的士大夫，他的感思又极为丰富，极为敏感，因而不禁对月伤怀，浮想联翩，寄思无限。苏轼的这首《中秋月》和那首极其著名的词《水调歌头·明月几时有》都是这样的作品。

作为物象，秋月最明，中秋之月最圆。秋月西风带有凉意，因而是古代诗词文章吟咏最多的题材。大多数作品都不将月亮作为与我无关的孤立的审美对象去欣赏，它常常是以人生理想愿望的寄托、人生遭遇的表征联想之类的意象，出现在文人笔下，而绝不会作为人生背景的点缀。

林下泉声静自来

月陂堤上四徘徊，北有中天百尺台。
万物已随秋气改，一樽聊为晚凉开。
水心云影闲相照，林下泉声静自来。
世事无端何足计，但逢佳节约重陪。

程颢《游月陂》

月陂，湖名，即状如月形的湖。在月陂堤上循环散步观览，北面有耸立天中的百丈高台。天地间一切都因秋天的气候而变颜色变形态了，傍晚天凉不妨开樽饮酒吧。水中央浮动着悠闲的云影，林下寂静，远处泉水淙淙之声传出来。人世间事情太嘈杂无绪，哪里值得计较，只要再到佳节之时，定来此地重游。

这首诗为游记，也为讲道理。前四句为记叙，描述地点、环境、所见之物候、诗人自己的所作所为。“水心云影闲相照，林下泉声静自来”，写感悟，写理趣，是这首诗的诗眼。水静则涟漪不兴，水面平滑如镜，这是秋水的特征——澄净而平静，浮云不忙着去行雨，在晴朗的空中悠闲地飘荡，才能清晰地投射在水面上，水下如天空。野山林中无人声嘈杂车马喧嚣的干扰，淙淙的泉水声能从远处传入耳中。这两句诗是作者对自然现象的感悟，其道理的确如此。但能感悟到这种理趣，却非一般人能做到。它需要观赏者极高的心性修养功夫，心静心闲心有情，才能如此细微地观察体验事物的现象特征、内在微妙，才能悟出道理。所以我们说观赏社会美也好，自然美也好，它需要主体特定的心态。虚静定心，即排除日常生活杂念，身心完全处于自由自然解放的状态，这样才能真正看到点儿什么，感到点儿什么，并进而悟到点儿什么。所以审美境界和人生境界是息息相关的。因此我们也不难理解，中国古代的许多优秀的诗词文章、绘画作品，出自僧人。王维、苏东坡都学参禅，两宋的理学大师也都修炼过佛家的禅定功夫。这道理我们以后可以慢慢去体会。一般地说，求道的人、审美之人往往看轻人生俗事，不注重功名利禄，这是两种不同的情怀，不可互相为用，故有取舍有选择。所以诗人最后说“世事无端何足计，但逢佳节约重陪”。

日长似岁闲方觉

利欲驱人万火牛，江湖浪迹一沙鸥。
日长似岁闲方觉，事大如天醉亦休。
砧杵敲残深巷月，井梧摇落故园秋。
欲舒老眼无高处，安得元龙百尺楼。

陆游《秋思》

这首诗写秋天的感触。利欲驱人四方奔走，如同万条火牛突奔一样，江湖上的沙鸥任意漫游，来去自由。度日如年，只有清闲时方才察觉，天大的事情喝醉了酒也就不在乎了。月西沉，夜已深，捣衣之声仍远远传来。水井旁的梧桐叶落，家乡已到了晚秋。真想极目远眺，可惜没高处可登，到哪里去找元龙百尺楼呢?

诗人秋来生诗思，感触较多。如陆游这样生逢山河破碎的乱世，忠愤心爱国志极强的人的感慨就会更多。这首诗充分表现了他心情的矛盾。他觉得人为了利欲——功名事业——去如不顾命的火牛般奔走，还不如像沙鸥那样，在江湖上自由漫游，悠闲自得。但真的闲居无事可做，那又觉得度日如年，心中有天大的事放不下，只要一醉就什么都忘了。无眠月夜，但闻深巷砧杵声；白日唯见梧桐叶落又起思乡之情。本欲登高望远，可又苦无好去处，真是无可奈何。陆游心中有两种难舍的东西，其一是想带兵打仗，挥师北上，收复中原，但在南宋王朝主和妥协势力掌权的局面下，陆游只能是壮志难酬。其二是归隐田园，咀嚼安静的日常生活滋味，尽享乐天顺生之乐。可是这两者不能统一，尤其是在他的第二种生活实现的时候，他的第一种愿望就不可遏止地涌上心头，令他悲愤痛惜。

这首诗应注意的还有以典故来丰富诗的内容，代指个人的心迹。“万火牛”出自战国，齐国田单与燕国打仗，弄来一千多头牛，在牛角上绑上利刃，在牛尾巴上系上干草，洒上油脂，然后点火放牛，牛被烧痛，惊恐奔突势不可当，大败燕军。诗作者用以比方为利欲驱使的人，盲目奔波。元龙百尺楼是三国时的典故。刘备与许汜在刘表处评论天下人物，许认为陈元龙（陈登，字元龙）不过是江湖之士，并无深谋大略。他举例说一次见元龙，元龙不与他多谈，晚上睡觉，自己高床而卧，让许睡下床，毫无主客之礼。刘备说，现今天下大乱，你不与他谈救世之事，而谈如何置买田产，他当然不会礼待你。如果我是陈元龙，我就卧在百尺高楼上，让你睡地下。“元龙百尺楼”即指此意。诗人陆游当然盼望能遇到陈登这样的人，一诉报国之志。一句典故，省去了许多笔墨，这便是用典的好处。

“日长似岁闲方觉，事大如天醉亦休”，这两句诗作为一种人生经验体会的高度概括，具有普遍意义。这也是许多人的经验，不过是被陆游感悟到了，明确地用诗句表达出来，尤能引人共鸣。

雁落客愁边

此路难为别，丹枫似去年。
人行秋色里，雁落客愁边。
霜月倚寒渚，江声惊夜船。
孤城吹角处，独立渺风烟。

方岳《泊歙浦》

作者方岳，南宋祁门人。这首诗借景抒愁思。行船泊到歙浦，令人留恋不舍。岸上红枫一片，层林尽染，触发了对去年的追想：去年今日此景中，游人在满目的秋色中漫行，大雁落在愁思伤怀的行客身边。晚间霜露中，月色似觉寒凉而依偎在江渚上，角声突然越江而来，惊动了船客。行船到临江的孤城下，一个人站在船上，寻看城头昨夜吹响号角的地点，但见风烟笼孤城，渺茫一片，吹角人不见。

这首诗意象明丽生动而清新，词句对偶工巧而自然。从意象创造上说，诗人描写的江边丹枫、岸渚落雁、霜月寒渚、拂晓江声、江烟孤城，都是深秋表征形象。有远有近，有大有小，有高有低，有色有声，有静有动，有明有暗，有植物有动物，组合在一起，形成了一个清新而生动的意象群，有力地烘托了游子凄凉、孤单、寂寞、怀思、迷茫等内心情怀。如果枫叶如丹即为深秋初冬征象，游子深秋见此物，愁上又加愁，且此物去年曾相见，今年此时人不同，当然是新愁引旧愁。洲渚落雁更是添人惆怅思远的意象。霜月令人生寒凉孤单畏旅之意。角是古乐器，用动物角做成，原出自西北游牧民族，鸣角以示晨昏，军中多用作军号。诗中的江边孤城角声，可能是驻军夜间传递什么信息或例行报时辰用的，当时南宋与蒙古军队作战，诗中的歙浦当时虽非战区，但有军事战备是可能的。角声悠远，夜间从城头越江而来，格外令游思难眠的船客心惊。总之，全诗抒写游子的羁旅愁绪。

“人行秋色里，雁落客愁边”，作为描写游子愁思的句子，有独立的欣赏价值。秋色即令人愁，草木摇落白露为霜，本就使文人伤怀，况且是游子离人，离人心上秋，必定是愁绪满怀。三者大雁乃候鸟，因秋而南迁，且通人情传音信，游子旅中见雁更生想家思归之意。

半瓶浊酒待君温

十日春寒不出门，不知江柳已摇村。
稍闻决决流冰谷，尽放青青没烧痕。
数亩荒园留我住，半瓶浊酒待君温。
去年今日关山路，细雨梅花正断魂。

苏轼《正月二十日往岐亭，郡人潘、古、郭三人送余于女王城东禅庄院》

这首诗纪事抒怀。苏轼贬居黄州期间，与好友陈慥经常互访，诗题中的歧亭是陈慥的隐居处。这一天苏轼去访陈，黄州当地人氏潘、古、郭三人，送他出黄州到女王城，为之饯行。苏轼一时百感交集，写了这首七律。春寒料峭，十天未出门，不料城外江村的柳枝，已柔嫩摇曳弄姿了。冰谷融化，溪流决决之声隐隐可闻，小草绽绿，覆盖了火烧的痕迹。送行人留我在禅庄院中驻足，虽是半瓶浊酒不成席面，但其情谊令人心感温暖。想到去年今日自己赴黄州贬所，途中孤独凄苦，过春风岭正值梅花凋谢触景伤怀，作《梅花》二首，真是事隔一年不胜今昔。

元丰三年（1080）正月，苏轼从御史监狱结案出狱贬谪黄州，赴贬所途中过麻城五关作《梅花》诗二首，记抒其凄惨心境，但到贬所一年中，苏轼就结交了当地的一些新朋友，其中过从甚密，对他帮助最大的是潘丙、古耕道、郭遘三人，都是文雅之士。苏轼《东坡八首》之七记叙三人说："潘子久不调，沽酒江南村。郭生本将种，卖药西市垣。古生亦好事，恐是押牙孙。家有一亩竹，无时容叩门。我穷交旧绝，三子独见存。从我於东坡，劳饷同一飧。"从诗中可以看出他们不仅给苏轼生活上的帮助，也给了他许多精神上、情感上的安慰。这次苏轼去麻城歧亭访陈慥，潘、古、郭三人怕他路上孤单触景伤怀，于是相偕并辔送出黄州，到城东十五里的女王城东的禅院里，专门为他置酒饯行。佛寺荒园，饯行之酒，未免简单了，但其关爱相从之厚谊，的确感人。

此诗从写作上可称道处，我们举两例。"十日春寒不出门，不知江柳已摇村"两句，抛开诗篇的特定情境可以单独来欣赏。它形象地描述了春天来得快，人在不觉中春的消息就突然发生了，生物感春较人灵敏迅速，人对春天意义的感知，对生命的体会往往是从感春而动的动植物身上得到启发的。“数亩荒园留我住，半瓶浊酒待君温”两句，以荒园不成景致，浊酒半瓶不成敬意，而反衬人情之浓，精神慰藉之可贵。人是社会性动物，处在逆境中的人最畏惧的还不是物质生活的贫困，而是精神上的痛苦和孤寂，最难忍受人情势利、遭人歧视疏远。特别是对苏轼这样遭遇冤枉且自视甚高、情感丰富的文人，更是如此。苏轼一生坎坷，贬逐连连，多次迁谪，但不幸中的有幸是他到任何地方，都有很忠厚义气的朋友，包括野老村夫，这使得他的生命、他的诗情更加丰富，更加有力量。

新知培养转深沉

德义风流夙所钦，别离三载更关心。
偶扶藜杖出寒谷，又枉篮舆度远岑。
旧学商量加邃密，新知培养转深沉。
却愁说到无言处，不信人间有古今！

朱熹《鹅湖寺和陆子寿》

鹅湖寺，故址在今江西铅山县东南的鹅湖山北麓。陆子寿，名九龄，与兄九韶、弟九渊都是当时著名的思想家。古人和诗的意思是以诗酬答，以别人诗词的题材和体裁作应和诗词。先生伯仲的道德风度我一向钦敬，分别三年更加想念。我拄着藜杖从他山来到此地，又劳驾先生，乘竹轿赶了这么远的山路。认真切磋商榷，对古人的思想学说了解得就更加确切精密，思想的交锋促使各自的理论转向深沉。当彼此讨论到最精妙之处，我们的思想不是和古圣先哲的精神连接上了吗？高兴之情真是无法形容。

朱熹和陆氏兄弟都是当时著名的儒学思想家，但他们的学术立场、思想观点存在根本的分歧。南宋淳熙二年（1175），吕祖谦邀请朱熹和陆氏兄弟来到鹅湖寺，想调和他们的分歧，但双方都坚持自己的立场，针锋相对，进行了一场惊心动魄的思想大论战。结果是谁也没说服谁，历史上称这次论难为“鹅湖之会”。值得世人称道、后人追慕的是作为思想主张对立的学派，彼此在思想观点上互不相让，但对对方的道德人品学问都给予充分的尊重，在论辩中态度都很诚恳，虚心领会对方的思想观点，平等自由地相互研讨。双方都觉得得益于对方，建立了信任及交情。三年后，朱熹到江西南康军（治所在今江西星子县）去任职，路过鹅湖寺，陆子寿又从抚州赶来和他会晤，朱熹想起三年前论辩时陆子寿曾作一首诗相赠，于是就作了这首和诗。

“旧学商量加邃密，新知培养转深沉”，这两句诗不仅评述了“鹅湖之会”双方的风度襟怀、交谈气氛，也道出了学术争鸣应遵循的原则和理想效果。思想学术争鸣的目的是明辨是非曲直，求得真理。达成共识固然理想，各持己见亦欣然。真正的学术讨论是智慧、学养、人生境界的碰撞，任何学派的发展，新思想新学说的成长，都需要对立学派思想的激发与参照。在这个意义上，学术上的对立是彼此进步深化完善的一个条件。因此朱熹这首诗中表现的这种纯正高尚的学术襟怀是值得后人效法敬仰的。这是一个很好的议论文题目。

万法由来本自闲

几年回首梦云关，此日重来两鬓斑。
点检梁间新岁月，招呼台上旧溪山。
三生漫说终无据，万法由来本自闲。
一笑支郎又相恼，新诗不落语言间。

朱熹《奉酬九日东峰道人溥公见赠之作》

东峰或为山名或为寺名，道人指修悟了佛理的僧人，“溥公”为对其俗称，不是僧人法号，其事迹不详。溥公先作诗给作者，作者作此诗以相酬答。别来好几年常在梦中到云关来与你晤面，今天两鬓斑白重来云关会晤故人。检点梁间的燕子，旧巢叠新巢，一年去了，一年又来，台上览观溪山仍是旧时相识的模样。佛家说的“三世”轮回毕竟没有根据，一切诸法森罗万象，唯心所现也无以证明。听我这样说来道人定然一笑不与认同，其实为诗的用意不在于词语上的道理。

朱熹青年时曾究心于佛家道家学说，后从学儒师，承继理学统绪为二程四传弟子，始知释家道家之思想不可信，而专心致志于儒家圣贤之学。但作为有创建的大思想家，其学术境界是开放的，虽然在基本的立场、价值信仰上不与同流，但对佛家的思辨智慧、理论方法感兴趣，并有所借鉴，且对佛教徒也怀有钦敬之意，所以会有东峰道人这样的“道不同”的朋友。从这首诗来看，作者与道人交往已久，交情很深，在学理思想上有深入的辩论，各持己见而相互尊重。这种超越“道不同不相为谋”的胸襟气度，恰恰是思想学说得以丰富发展、人格境界得以壮阔的一个条件。诗中的“支郎”是三国时高僧支谦的称号，这里借指和诗的对象溥公。

“三生漫说终无据，万法由来本自闲”，这两句诗是朱熹对佛教教义的基本评价，对我们认识宗教的性质有帮助。佛教说，人有前世、今世、来世，互为因果，轮回不已，肉体替灭，灵魂往生。为人今世修行功德，以图来世果报。朱熹认为，这种说法虽然动听，但毕竟没有根据，从动机上看虽然善美，但从实际上没有理由相信。佛教又说宇宙万象，都不是客观的、独立的、永恒的存在，它们都是心识的呈现，即都是由心识变现——创造出来的，所谓“三界唯心，万法唯识”。朱熹认为这更不可为凭，实为虚妄之说。理学家不相信关于人性的灵魂本体之说，那是无法体验证实的东西，天理万物是客观存在的，并不依赖于人才有才无，人是万物之一，也是天理的体现，但人与其他万物不同，人有心性可以认识天理，认识自身，认识万物。朱熹对佛教学说的基本评价是理性的，有科学的道理。在作文中可用作主张无神论，树立科学的世界观、人生观的一个理论根据。

试从意外看风味

云里溪桥独树春，客来惊起晓妆匀。

试从意外看风味，方信留侯似妇人。

陈焕《梅花》

作者陈焕，南宋博罗（今广东博罗）人。这首诗描拟梅花很有新意。深山溪谷边，一株寒梅迎春独放。客人清晨突然造访，让她有几分惊慌失态，赶忙梳洗涂抹一番迎迓远客。试从梅花的意外之态来品评她的风味，突然想到好有一比，汉张良就似这梅花般的妇人。

宋人的梅花诗相当多，本诗作者别出心裁，写得确乎出人意料，让欣赏的人顿生几分惊异之感。多数诗家笔下的梅花或在庭前，或在墙角，或在花园中，或在路旁，或在村郊……总之是在与人邻近的地方，是作为人生活环境的点缀引人注目、供人观赏的对象，而本诗中的梅，幽居深山，人迹罕至，逢春开放，花开花落无人问，只有自顾自怜而已。其情境有如寂寞无聊的怀春佳人，虽有美貌风姿，无奈没人倾心赏识，突然一个早晨有客特来过访，令她惊异不已，一时不知所措，匆匆整治一下从不在意的容妆，迎迓远客。慌乱、匆促、诧异、惊异使她失去常态，姿容别有风韵情致，更令客人惊心激赏，乃至失神落魄。这首诗于作者笔下，梅花是一个远俗、独立、清幽、寂寞、怀情的意象。诗的最后一句确是妙想天开，幽谷深山遗世独立的佳人，一下子幻化成了汉初三杰之一的张良。从常理上说有些拟于不伦，所谓“意外”，但这想法自有内在逻辑。司马迁评价张良说：“余以为其人计魁梧奇伟，至见其图，状貌如妇人好女。盖孔子曰：‘以貌取人，失之子羽。’留侯亦云。”司马迁的意思是张良雄才大略，运筹帷幄之中，决胜千里之外，巍然大丈夫，但其容貌却似妇人美女，如孔子所说，以貌取人，对子羽就是错的。（子羽是孔子弟子澹台灭明的字，貌丑，为人公正，行不由径，非公事不见卿大夫。有弟子三百，名达于诸侯。）这句话的意思也适用于张良，不能因为他容貌姣好似美女，就以为他的心胸也如女子。古人以为女子无才唯德貌可取。诗人因梅花而联想女子姿容品性，又因女子姿容而联想到张良似妇人。这在心理学上叫自由联想，属于意识流。古诗词中常有这种情况，如五代牛希济词《生查子》中有“记得罗绿裙，处处怜芳草”，就是最好的例子。自由联想抓住此事物和彼事物的一点相似，思绪由眼前的事物直接跳跃到彼事物，表面上无迹可循，没有规律，所以出人意料，但在艺术表现中自由联想是有内在联系的。诗人由梅花的姿态品性想到了张良，虽在表面上不合情理，但两者有内在精神上的相通。张良佐刘邦创汉基，功劳至伟，为帝师，封万户侯，但他不恋功名富贵，愿弃人间事，从道人作逍遥游，这种遗世清高之志与山谷寒梅的品格不是有内在的相似之处吗？

“试从意外看风味，方信留侯似妇人”，有独立的含意。用在作文中，表示不能以貌取人。看问题既要看现象，更要看本质，表象与本质往往有不一致之处。用在记叙文中，可以形容一个人外柔内刚，或外表平庸而内心丰富高远。用在议论文中，可以当作现象与本质不相符的事例论据。其效果必然形象、新颖，便于展开话题，较之直接就理论理有意外的趣味。

卧看满天云不动

飞花两岸照船红，百里榆堤半日风。

卧看满天云不动，不知云与我俱东。

陈与义《襄邑道中》

这首诗是陈与义二十八岁时，由汴京去襄邑，沿汴河而下途中所作。诗写汴河两岸的景物和顺风行船的舒闲悠畅之感。其大意是：两岸的榆树柳树，绿叶成荫，随风而动，两岸的飞花映得船红水红。仰面而卧不见满天的云朵有丝毫的飘动，殊不知我与云朵都在向东而去。

“卧看满天云不动，不知云与我俱东”，这两句诗表现了诗人对大自然的细致观察和精确的把握。诗人运用了人的一种错觉，以静写动，以“云不动”的静态反衬“云与我俱东”的动感，把物体运动的相对静止用极具体形象的语言描摹了下来。在对自然的描述中寓含了一种哲理，即万事万物表面上是静止的，实质上一切都在运动之中，静止只是相对而言。同时，这两句诗通过景物的描写隐隐传递出一股春风得意的豪情，表明对未来美好前途的坚定信心。

我们在作文时，可以引用这两句诗来说明物体的绝对运动和相对的静止，使玄妙高深的哲学问题得以形象具体地阐释，使晦涩抽象的说理变为文雅具体的描述，从而增强文章的文采。另外，我们还可以运用这两句诗的引申义，表现在顺境时，年少得志、前途无量的不凡气度。“卧看满天云不动，不知云与我俱东”，诗句中透出一股强大的气势，表现了一种志在必得的决心。我们在运用时，要特别注意这一点，必须与我们所写文章的风格相近，切合我们所要表达的主题。

同时，我们还可以运用这两句诗表现时政形势的变化。世事每天都在变动，不能紧盯着过去的某一点而不放。当你还沉浸在过去的某一时刻时，世道已经发生了悄无声息的变化。写这种情况时，引用这两句诗也比较恰当。

前树未回疑路断

春尽行人未到家，春风应怪在天涯。
夜来过岭忽闻雨，今日满溪俱是花。
前树未回疑路断，后山才转便云遮。
野间绝少尘埃污，唯有清泉漾白沙。

郑獬《春尽》

郑獬，字毅夫，安州安陆（今属湖北）人，与王安石同朝，但二人政见不同。这首诗写的是暮春时节，一位行色匆匆的旅人在返家途中所见到的景色和心理感受，不尽之意寓于景物描写之中。诗的大意是：春天已快过完了而游子还没到家，春风应该责怪他在天涯。夜里翻越山岭忽然听见了下雨的声音，今天满溪里都是被雨打下的花瓣。前面横着的树木让人怀疑路在此已断，后面的小山刚刚转过马上便淹没在云海之中。在这旷野间极少尘埃的污染，只有清清泉水不断淘出白沙。全诗写晚春时节游子思家，状物极细，炼意极工，诗中没有直接抒情，全部都是通过景物描写来传达情意。

“前树未回疑路断，后山才转便云遮”这两句诗，运用移步换形法，使被描写的景物扑朔迷离，与“山重水复疑无路，柳暗花明又一村”有着异曲同工之妙。我们在写游记散文时，可以引用这两句诗，表现景观的斗转星移，气象万千。我们可以看到在很多的游记文章中，作者都引用了前人的诗句，并把它与自己的所见、所感融为一体，为自己的文章服务。比如“造化钟神秀，阴阳割昏晓”，就被李健吾在《雨中登泰山》中引用，产生了极好的效果。

同时，我们在引用这两句诗时，应与它在原文中的意思保持一致，表达自己的思乡思家之情：朝思暮想回家与亲人见面，却“路断”“云遮”，不得回转，表现回家之难及归家之心切。此外，我们还可以运用这两句诗的引申义来表达做事多阻碍、前途渺茫的思想。

伤心桥下春波绿

城上斜阳画角哀，沈园非复旧池台。
伤心桥下春波绿，曾是惊鸿照影来。
梦断香消四十年，沈园柳老不吹绵。
此身行作稽山土，犹吊遗踪一泫然！

陆游《沈园二首》

唐琬是陆游的表妹，二人婚后十分恩爱。但陆游的母亲不喜欢唐琬，二人终于被迫离婚。数年后春游沈园，二人偶然相遇，此时唐琬已改嫁赵士程，陆游也另娶，两人相见，泪水涟涟。陆游就在园壁上题了一首《钗头凤》词，诉说他内心的苦痛。唐琬读后也和了一首，不久，她便抑郁而死。四十年后，陆游旧地重游，感慨万千，写下了这首诗。诗的大意是：城墙上斜阳惨淡伴着画角的哀号，沈园的景色已不再是当年的一池一台，触目伤心的是桥下那一汪碧绿的春水，曾经照映过她那美丽的面容和身影。日夜思念的唐琬已死了四十年了，沈园的柳树已经枯老，不再飞花吐絮，我不久将要变作稽山上的泥土，但凭吊旧游的痕迹时还是伤心得老泪泫然。

这首诗是一首爱情诗，写得感情真挚，哀婉动人。“伤心桥下春波绿，曾是惊鸿照影来”这两句诗表现了诗人对恋人的深深怀念之情。诗人旧地重游，百感交集，昔日的景物仍在，但已是物是人非。看到桥下的春水，仿佛见到了故人，一时伤心欲绝。绿绿的春水曾照过恋人美丽的倩影，但时光已逝，春水东流，留给诗人的只是一腔愁绪。这两句诗为我们描绘出一幅令人心酸的图画：一老翁面对桥下碧绿的春水伤心落泪，希望水中映出“她”青春美丽的身影，同时也为我们创造出了一种哀婉凄凉的意境。它是诗人的断肠之作。爱情的悲剧会给人生带来极大的不幸，谁也不愿碰上，但如果没有这种刻骨铭心的经历，自然也写不出这样的句子。自此我们可以看出生活对写作的影响，好的文章都是作者的亲身经历，是他发自内心的绝唱。陆游的爱情诗之所以千古流传，原因就在于此。

这两句诗在作文时我们可以引用，以表现对故人的回忆，对往事的追索，但这种回忆和思索，是低沉的、伤心的。

不道云从底处来

门外青山翠紫堆，幅巾终日面崔嵬。

只看云断成飞雨，不道云从底处来。

朱熹《偶题三首（其一）》

朱熹，字元晦，徽州婺源（今属江西）人，南宋著名的大理学家、教育家。这首诗的大意是：门外的青山翠紫成堆，我戴着儒雅的幅巾，终日面对着高大巍峨的群山。只看到云彩断裂变成了飞溅的雨水，不知道云彩是从什么地方来的。

朱熹的诗，常常能从偶然的平常的生活中悟出一种做人治学的大道理。这首诗就是如此。作者从日常生活的观察中，看到了这样一个现象：在高大雄伟的山峰上总缭绕着一片片的云彩，而云彩愈集愈多之时，阴云密布，就变成了雨滴。云和雨有着密切的关系，有云才有雨，那么云又是从哪里来的呢？作者从这个现象中引出这样的一个哲理：凡事一定要寻根究底，对于真理的追求一定要锲而不舍，穷究到底。

“只看云断成飞雨，不道云从底处来”，这两句诗是朱熹的名句，至今仍被人称引，成了读书治学的名言。我们看书学习，总有一些自己不懂的问题，这是很正常的，但是怎样对待这些问题，每个人有自己不同的态度。有的人干脆把问题搁下，不懂拉倒，不去努力把它弄明白；有的人似懂非懂，浅尝辄止，满足于一知半解；而有的人则深入钻研，专心一意，寻根究底，不但弄清其然，更要弄明白其所以然，这样的人自然能够得到真理。“只看云断成飞雨，不道云从底处来”这两句诗，应该成为我们每一个读书治学者的座右铭。

春江水暖鸭先知

竹外桃花三两枝，春江水暖鸭先知。
蒌蒿满地芦芽短，正是河豚欲上时。

苏轼《惠崇春江晓景二首（其一）》

这首诗是苏轼为僧人惠崇的画作所作的题画诗。从诗中看，惠崇这幅画是以春江为中心，水面鸭群嬉水、竹林掩映，三两枝桃花点缀其间，地面蒌蒿绽绿，芦芽吐翠，一片欣欣向荣、生意盎然的春天景色。题画诗既要点明画面，使人如见其画，又要跳出画面，使人画外见意。这首诗的大意是：竹林外面斜插出三两枝桃花，春天江水暖和了，鸭子先知道。蒌蒿满地都是，芦苇的嫩芽还短小，正好是河豚想逆流而上进入长江之时。

“竹外桃花三两枝，春江水暖鸭先知”，这两句诗，使我们产生一种联想：在温暖的水中嬉戏的春鸭千姿百态，活泼可爱，自由自在，悠然自得，在人们还没感觉到春的时候，它们就已经体验了春的温暖了。

这是两句典型的写景抒情的诗句，而“春江水暖鸭先知”早已成了众所周知的佳句，并经常被用于写春景的文章中。作者苏轼努力捕捉意蕴丰富的物象及个别场景，通过触觉，高妙地表现出初春的气息，使人如临其境。

能够突出春天到来的事物很多，比如花、草、鸟等。但是“春江水暖鸭先知”，打破了人们老生常谈的抽芽的柳条、含苞待放的花、冒出地面的翠绿的小草等的模式，给人以标新立异、与众不同之感受。好的文章要有创意，应见别人之所未见，写别人之未曾写。“春江水暖鸭先知”，就显示了作者的独创。他不单是从视觉上发现春天，还通过鸭的触觉来感知春天，把春天给写活了。这就是创新。我们写文章时，应学习作者的这种创新手法，只有这样，才能写出脍炙人口的篇章来。

共在人间说天上

月宫秋冷桂团团，岁岁花开只自攀。
共在人间说天上，不知天上忆人间。

边贡《嫦娥》

边贡，字廷实，历城（今山东济南）人，明代“前七子”之一。这首诗的大意是：月宫里秋天冷寂，桂树团团，每一年的花开，嫦娥都只是自己攀摘。共同生活在地上的人仰慕天上，不知道天上的嫦娥却常常回忆人间。

嫦娥奔月的故事人人皆知。在讲述这个故事时，人们往往津津乐道于嫦娥的升天及长生不老，而忽略了她一个人待在月宫中的寂寞无聊、冷清乏味。得道升天当然是好事，但寂寞冷清也确实令人难耐。凡事有好的方面就有坏的方面，而人们有时只看到问题的一个方面。就像嫦娥，她偷食长生不老药之前和凡人一样羡慕着仙界，而一旦得道成仙，她又向往人间的热闹与美好。所以诗人用“共在人间说天上，不知天上忆人间”这两句诗来表现人的永不能满足的欲望。

这两句诗我们可以在作文中引用，描述一种不知满足的心理。有一句俗语和这两句诗的意思相近，谓“身在福中不知福”。人是一种贪得无厌的动物，有了鱼，还要熊掌，但好东西不能都得到，凡事很少有两全其美的，于是得了鱼的羡慕得熊掌的，得了熊掌的怀念鱼的好处，结果是双方都不快乐，这就是人生的悖论。这两句诗很好地阐释了这种悖论，给人以启迪。我们在现实生活中也经常碰到此类的事情，令人领略不到人生的美好，瞻前顾后，这山望着那山高，总是心悬那些得不到或已经失去的东西，结果只能是徒增自己的烦恼。

如果在作文中需要表述上面的意思时，可以引这两句诗。这两句诗比较适合于议论性的文章，用来表明一种观点。

不在诗书礼乐中

紫蟹黄鸡馋杀侬，醉来头脑任冬烘。

农家别有农家语，不在诗书礼乐中。

王世贞《暮秋村居即事》

王世贞，字元美，太仓（今属江苏）人，明代著名的诗人和学者。他学问广博，著作甚富。这首诗的大意是：紫蟹黄鸡馋死我了，醉得头脑稀里糊涂。农家自有农家的语言，多是“诗书礼乐”之中所不曾有的。

这首诗很明显是在农家做客而有所感。吃着农家特有的饭菜，喝着农家自酿的米酒，在温馨自然的农家中自己陶醉了，忘却了功名利禄，忘却了仕途的坎坷，也忘却了自己的宝贵追求。和农民唠着年景，聊着收成，真羡慕农家的这种怡然自得。他们不懂诗书礼乐，但他们有他们的话题，有他们的纯朴追求。

“农家别有农家语，不在诗书礼乐中”这两句诗，我们可以在作文中引用，以此来表明什么阶层的人，就有什么样的追求，有什么样的追求就有什么样的共同话题，即“物以类聚，人以群分”的道理。特别是用在表现农民生活时，老农民自有老农民的追求和生活，虽然他们不懂诗书礼乐，不敢奢求荣华富贵，但他们也有自己的愿望：风调雨顺，丰衣足食；也有自己的生活方式：日出而作，日落而息。因而“脸朝黄土背朝天”，他们不觉得苦，因为心中有秋天丰收的美好希冀。

这两句诗用在作文中，还可以泛指每个人都应有每个人的生活和话语，不能照本宣科，强求一律。人要活得有个性，话要说得有特点。不管是农民也好，知识分子也好，他们都有各自的生活，各自的话语。在表述以上意思时，可以引用这两句诗，以示这是古人的经验之谈，从而增强自己立意的厚度。

江南虽好是他乡

春风一夜到衡阳，楚水燕山万里长。
莫怪春来便归去，江南虽好是他乡。

王恭《春雁》

王恭，字安中，闽县（今属福建）人，明代著名诗人和学者，曾修《永乐大典》。这首诗的大意是：春风一夜之间吹到了

衡阳，楚水和燕山之间有着万里长的路程。不要怪春天来了便匆匆归去，江南虽是好地方但不是我的故乡。

大雁是候鸟，每到秋天时，它们就成群结队飞往南方过冬，而春暖花开时，它们又迁回北方。北方的气候和环境明显不如南方，人们有诗赞南方："江南好，风景旧曾谙。日出江花红胜火，春来江水绿如蓝，能不忆江南！"而大雁却并不因江南的优越而滞留不归，为什么？"江南虽好是他乡！"这儿不是我的根，我要回归故土，叶落归根。

"莫怪春来便归去，江南虽好是他乡"这两句诗，在作文中可以引用。当我们写作热爱祖国、热爱家乡、热爱自己的工作岗位这类主题的作文时，可以直接引用它，表现自己对祖国、对家乡、对自己工作岗位的无比热爱。是啊，我们的祖国和家乡是哺育我们生长的地方，是我们难舍难离的故土，别的国家再好，他乡再美，但那是别人的。有一句俗语"儿不嫌母丑，狗不嫌家贫"，说的也是这个道理。目前，我们的国家和世界一些发达的国家比还有挺大的距离，但是，我们要用我们的双手把她建设好，赶上和超过发达的国家。不少人羡慕国外的物质优越和舒适的环境，发誓要千方百计冲出国门。而一旦踏出国门，他们就会有这种"江南虽好是他乡"的感觉，所以我们看到不少在外奋斗的老华侨，老的时候都要回祖国回故乡看一看，了却他们的相思之苦。有的甚至就回故乡定居，叶落归根，因为他们是中华儿女。

这两句诗是对我们进行爱国主义教育的很好的材料。

一弹指顷去来今

初惊鹤瘦不可识，旋觉云归无处寻。
三过门间老病死，一弹指顷去来今。
存亡惯见浑无泪，乡井难忘尚有心。
欲向钱塘访圆泽，葛洪川畔待秋深。

苏轼《过永乐文长老已卒》

苏轼任杭州通判时，因事往秀州（今浙江嘉兴），经过永乐乡，游报本禅院。住持和尚文及是蜀中同乡，相逢投缘，苏轼题诗一首记其事，《秀州报本禅院乡僧文长老方丈》：“万里家山一梦中，吴音渐已变儿童。每逢蜀叟谈终日，便觉峨眉翠扫空。师已忘言真有道，我除搜句百无功。明年采药天台去，更欲题诗满浙东。”两年后，苏轼又因公过秀州到报本禅院访文长老，时长老已病，苏轼作《夜至永乐文长老院，文时卧病退院》诗再记其事，半年后苏轼又过报本禅院，文长老已圆寂，因作本诗以志悼念。诗的大意是：上次见到长老清瘦惊人，几乎认不出来。这次来，才半年的时光，长老已如云归天，踪迹全无了。三次过访方丈由老及病至死，一弹指顷前世今世来世就过去了。死亡的事见多了，也就无泪了，见同乡死于他乡，令人起叶落归乡之愿。想去杭州寻访圆泽，就在葛洪川畔等到秋深。

诗中说的“鹤瘦”和“云归”指出家人的病与死。一般是用于道士，但为方便通俗这里用于僧人。“钱塘访圆泽”是唐人的传说：李源与僧人圆泽投缘，圆泽与李源约定，待他死后十二年在杭州灵隐寺相见。十二年后，李如约到灵隐寺，有一牧童唱道：“三生石上旧精魂，赏月吟风莫要论。惭愧情人远相访，此身虽异性长存。”葛洪川，指钱塘江，晋代道士葛洪居于钱塘江畔的山岭中炼丹，杭州西有葛岭。

苏轼与文长老一见就很情投，乃至相知较深，大致有两个原因。一是同乡之谊，两人都是蜀中人，一在异地为官，一在异乡为僧。在古代社会条件下都是家乡难归的人，乡音即亲情，出家人也未能免俗情。二是苏轼仰慕佛家境界，略通禅趣。唐末宋初，在中国的思想界，出现了引佛理入儒学的趋势。许多文人对佛学有兴趣，一是为了求得人生的解脱，二是为了从禅学中学到智慧。苏轼俗心重不求佛家境界，主要喜爱佛家的智慧。他的许多诗都写得有禅趣。

“三过门间老病死，一弹指顷去来今”，佛家讲人生四苦为生老病死，人有前世今世来世“三世”。诗人与文方丈相识有三次过访，只有第一次初识有深谈的经过，“每逢蜀叟谈终日”，第二次过访方丈已病笃不能言，第三次来方丈已寂灭，所以说“三过门间老病死”。这前后还不足两年，方丈就结束了今生往生来世去了。以诗人所处的现世论，方丈现往生来世，从前他和诗人相识谈道的那一生对他就是前世了，所以说“一弹指顷去来今”。这两句诗用佛家语言僧人生死即已相宜，三次过访见到方丈老了、病了、死了更是巧合，这前后才一年多的时间就有“三世”之别，人世的时光也太快了。虽然说的是方丈，这其间一定包含着诗人人生如梦、万物无常的感叹，也是一种人生意义的体验。从写作上看，对仗工巧而自然，如行云流水。

载将离恨过江南

亭亭画舸系春潭，直到行人酒半酣。
不管烟波与风雨，载将离恨过江南。

郑文宝《柳枝词》

作者郑文宝，北宋汀州宁化（今福建宁化）人，有诗名。这是一首送别诗。“亭亭”，高立貌，画舸是装饰华丽的客船，泊于春日潭水中，缆绳系在潭边岸上的柳树上。华丽的客船颜色鲜艳，泊于春日的绿水潭中，又与岸上的柳树相缩，景象极明丽优雅宁静。那么既有客船，当有将乘船远行的人乃至送行的人。这幅静美的图画被打破了，是到了行人酒喝得半醉了的时候。行人在渡头画舸中喝酒，一定是有人为他饯行，能喝到半酣，说明饯行时间不短了，其间许多话都应说了，该交代的，该嘱咐的，互相鼓励的、劝勉的，乃至互相留恋惋惜的等等尽可去想象。可是行人还未“尽兴”，实际上是离别的话永远也说不完，但客船解缆起程的时候到了。送君千里终有一别。诗的前两句为常见情景，写得也算清丽，但无甚出奇处。写得意味最好的，还是最后这两句。“不管烟波与风雨，载将离恨过江南”，这两句似在写船，实际在写人，似写景，又在抒情。客船自有行程，江湖的风雨烟波是阻挡不住它的，而行人有自己的目的，尽管不忍不愿，也不得不满怀离怨远航而去。诗的具体人事已不可知，但这两句诗，的确写出了一种人生的典型情景，表现了一种人生的典型情绪，因而易于引发读者的共鸣与丰富联想。你可以想象这离人是北人，在江南这富庶繁华之地、文采风流之乡，羁旅有年，如今要北归了，这“过江南”当是沿大运河往北走。那么他心中的离恨可能是似唐人韦庄《菩萨蛮》所抒写的：“人人尽说江南好，游人只合江南老。春水碧于天，画船听雨眠。垆边人似月，皓腕凝霜雪。未老莫还乡，还乡须断肠。”如果他是一个江南人，因公因私不得已而到异地去，比方说像红楼梦中的林黛玉那情形，那又该是觉得江南江北不相同，非是离人恨重。总之，这两句诗可确定的是不愿离开江南的情绪，不管他是留恋人事，还是留恋山水，或者二者兼而有之。

死去何所道

亲戚或余悲，他人亦已歌。
死去何所道，托体同山阿。

陶渊明《挽歌辞（其一）》

挽歌是古代挽柩送葬所唱的歌。这是陶渊明自拟的挽歌，有人考证说是他去世的那一年写的。歌词共三首，第一首写

敛，第二首写祭，这是第三首，写葬。全文如下：

荒草何茫茫，白杨亦萧萧。
严霜九月中，送我出远郊。
四面无人居，高坟正嶕峣。
马为仰天鸣，风为自萧条。
幽室一以闭，千年不复朝。
千年不复朝，贤达无奈何。
向来相送人，各自还其家。
亲戚或余悲，他人亦已歌。
死去何所道，托体同山阿。

诗中以第一人称，用亡人自述口吻。前八句写葬地的环境、送葬的时节、葬地的气氛，令人起悲凉畏惧之情。第九到第十二句是描写加议论，令人生绝望孤独之情。第十三到第十六句是对送葬人即生者的情态描写，令人生失望之情。最后两句是总结概括，说死去有什么可说的，不过是将人体托来同山体合在一起罢了。

古人重葬仪，对死者、生者都是大事，有十分复杂的程序，讲究相当多。大体上分为收敛、祭悼、送葬三大部分。作者写此诗时，临近人生末年，观察人死之事，感触尤深，所以自拟挽歌三篇抒发感叹。从歌中流露的情绪可以看出，作者不信道，不信佛，不相信阴间天堂来世之说，悲凉绝望中是对人生的留恋，对生命的执着，对人情的渴望。他在一首赠人诗中说："天道幽且远，鬼神茫昧然。"诗人心中的终极信仰，他最理想的境界，就是用自身实践了归隐田园的生活：躬耕自食，以农夫野老为友，山光水色、花鸟虫鱼为赏，饮酒赋诗为乐。

他山之石

鹤鸣于九皋，声闻于野。
鱼潜在渊，或在于渚。
乐彼之园，爰有树檀，其下维萚。
他山之石，可以为错。

鹤鸣于九皋，声闻于天。
鱼在于渚，或潜在渊。
乐彼之园，爰有树檀，其下维榖。
他山之石，可以攻玉。

《诗经·小雅·鹤鸣》

第一章诗意：鹤在水泽里高鸣，声音传遍了野地。鱼儿在深水里游，有的游在浅水里。那个园子真可喜，檀树长在园子里，树下黄叶落满地。别处山上的石头，可以拿它来磨玉。第二章与第一章相近，参读即晓。

此诗全为譬喻，用意在讲道理。诗中以云野中之鹤、水中之鱼、园田之檀作比喻，其取义后人已不知所以然，但联系诗章最后两句，应该是指事物善恶互用，借相反者以成。喻人对他人他事他言未必善者，不要一概否定憎恶，取其或有益之处采纳之，以成就自己。善者有其恶，恶者有其善，遇善不忘其恶，遇恶知其也有善。

“他山之石，可以攻玉。”玉山生玉，玉之为物温而润，为天下至美之物；他山有石，粗而砺，人以为无用而恶之；但是两玉相磨，不能成器，而以砺石磨玉，才可以成器。此意犹君子与小人相处，君子遭小人欺凌算计，处境险恶，但君子因此可以或砥砺自己抗恶的勇气，或磨炼隐忍的耐性，或增长防范的智慧，或鉴小人之恶丑而修己之善美，这就是小人成就君子，砺石攻玉的道理。

后人引用“他山之石，可以攻玉”为诫为训为铭，更多情况下的取义是只有借助他者才能成就自己。他者未必就是恶的，自己总是有局限的，就如医生不能治自己的病一样。近代以来，一些觉悟开明的知识分子，为了解决中国的存亡问题，主张引进西洋的政治制度、教育体制、科学技术、学术思想乃至文艺形式来改造中国的社会制度、生产方式、国民精神，在思想立场上就曾取义于“他山之石，可以攻玉”的古训。

在作文中，“他山之石，可以攻玉”在阐述借鉴、参照的必要性时可用作文题或理论根据。当然，一定是用于议论文体。

进德修身
KEWAI YUWEN
YINGYONG XILIE

路漫漫其修远兮

路漫漫其修远兮，吾将上下而求索。

屈原《离骚》

这两句诗出自屈原的《离骚》。屈原是中国历史上最早有名有姓、对后世影响最深远的诗人；《离骚》是屈原的代表作，是中国诗史上最著名的篇章；“路漫漫其修远兮，吾将上下而求索”，是《离骚》中最有光彩、照耀千古的诗句。

屈原是战国时代楚国贵族，早岁即因学问渊博、长于辞令而得楚怀王信任，官至左徒，曾为怀王起草国家宪令。当时各诸侯国最大的威胁是秦国。屈原力主楚国应联齐抗秦，但楚王昏庸失策，被秦国离间欺骗，屈原的主张不仅未得理睬，且又招来谗言，终被怀王疏远以致流放，离君去都，浪迹江湖，长达九年。后怀王遭秦拘留，顷襄王即位，可不仅没有给屈原平反，反而将他易地流放。屈原忧愤绝望，于汨罗江自沉而死。

《离骚》记叙了楚君朝廷投机苟且、失政祸国以及诗人自己的讽劝抗争；抒写了诗人遭谗被疏远之后思想上的矛盾、情感上的痛苦；显示了诗人反抗黑暗、追求光明、同情人民、热爱祖国、鄙视污浊、洁身自爱的高尚人格。“离骚”者，从字面上解释虽接近现代“牢骚”之义，不过其内涵是遭逢忧患，关于君国民生，而非个人一己得失的怨言。

“路漫漫其修远兮，吾将上下而求索。”之前诗中写到圣君难遇，忠臣难为，三代以下多有昏君亡国，忠臣被逐遭杀的先例。但明知如此，自己也不愿以阿谀取宠之道来事君，忠肝义胆既不见用，诗人就想象驾龙马，乘凤鸟，借助风力直上云霄，去寻访神山圣人。当然，这路途遥远渺茫，神仙难求，所以诗人矢志说：“路漫漫其修远兮，吾将上下而求索。”大凡后人使用这两句诗，都是用以表达对高远的理想、伟大的事业的志向。如鲁迅曾将它用作自己小说集《彷徨》的题词，以表达自己通过小说启发民智、救治国家民族的伟大志愿。一般地说，平凡之愿、一己之欲、眼前功利之类，都不可借这两句诗以明志。这里举几则可用者。其一，表达政治理想抱负，所谓经邦济国之志。创建理想的经济制度、政权体制、法律制度、社会风气等都任重而道远，非有此精神志向毅力不能胜任。其二，表达志于社会公益事业的理想。如济危扶贫、助学送医、人道救援、保护自然环境及人文遗产等，都非一时热情，一蹴而就的事。其三，表达个人的人生理想、事业成就之志向。如学问志向，像司马迁期望自己的史著能“究天人之际，通古今之变，成一家之言”；如科学探索实验，像陈景润那样，攻取极艰深难证的数论猜想；如志于艺术创造，像曹雪芹、齐白石、梅兰芳，外国的贝多芬、毕加索那样，穷毕生之心血精力于一门艺术，大而言之有贡献于民族乃至人类文化事业，小而言之为一代宗师巨子。凡属上述之志向襟怀，都可以以此诗句明志自勉，对青年学子，尤重立志言志并身体力行，至于结果如何、成就多大不必去问可也。

沧浪之水清兮

沧浪之水清兮，可以濯我缨。
沧浪之水浊兮，可以濯我足。

引自《孟子·离娄上》

此歌当是孔孟时代的儿歌。“沧浪”，古水名，或说汉水，或说夏水，今已难考定。沧浪河的水清哟，我就用它来洗我的帽带儿；沧浪河的水浑了，我就用它来洗脚。

孟子引用这两句歌，当然是有寓意的。水的道理如同做人的道理：一个人的德才好，人家就会器重他，尊敬他，所谓以之“濯缨”——冠戴在头上最堂皇；一个人如缺德少才，人家就会轻视乃至辱没他，所谓以之“濯足”——足有汗臭，为人身体之卑下不洁之部位，“上尊下卑”此之谓也。

《孟子》中歌词下又记载：“孔子曰：小子听之，清斯濯缨，浊斯濯足矣。自取之也。夫人必自侮，然后人侮之；家必自毁，而后人毁之；国必自伐，而后人伐之。”孟子这里说孔子用这首儿歌来教导弟子，说一个人一定是先失德了，自暴自弃了，然后别人才看不起他；一个家族一定是先发生了兄弟阋墙的事，外人才会乘机离间；一个国家一定是发生了内乱，而后才有外敌乘机入侵。

对一个人来说，成就什么样的人格，选择什么样的人生道路，主要取决于自己。就我们青年学生来说，若要同学拥戴、老师赞赏，你就应该是正直坦荡、大方热情，有道义感、责任心，且又勤奋好学、情趣高尚的人。如果你心地狭窄、自私取巧、或狂傲或阿谀、卑俗无赖，学业上也无可称道，人家就会疏远你，小视你。一些人不明白这个道理，自己不招人待见，却怨老师，恨同学，怪父母，以致通过其他方法来取得人家的重视或自己的虚荣，这是不明智的。人生的选择权利交给了你自己，做什么样的人，外因是条件，内因是根据，多数青年人都希望自己成为有德有才有艺的人，那就自己去努力，去发奋，去自律——去自我塑造吧。

“沧浪之水清兮”，千古悠扬，是乐歌，素朴而且古雅；又是哲理，形象而深刻。此句备受文人喜欢。宋代的严羽有一名著叫《沧浪诗话》，世人称羽曰严沧浪；苏州园林有沧浪亭；现代小说家杨绛的小说《洗澡》就以“沧浪之水清兮”为题记，都是暗含寓意的。

可以此为文题论自我塑造，一定有感有思有文。

受命不迁，生南国兮

> 后皇嘉树，橘徕服兮。
> 受命不迁，生南国兮。
> 深固难徙，更壹志兮。
> 绿叶素荣，纷其可喜兮。

会枝剡棘，圆果抟兮。

青黄杂糅，文章烂兮。

精色内白，类可任兮。

纷缊宜修，姱而不丑兮。

屈原《九章·橘颂》

《橘颂》共两章，这是第一章。

辞篇以拟人手法抒写作者深厚的热爱国家民族之情。其大意是：天地间最盛美的树种啊，它只适应特定的水土。受天地之命不能移植他乡，只生长在南国的水土。根深固难迁移，志向更专一。绿叶白花，纷茂可喜，重枝棘刺，果实圆圆的。青黄相间，纹色斑斓。色纯肉洁，有似能负道任。繁盛披离而得体，美而不同一般。

橘树只适应江南的水土，将它移到淮河以北它就退化为枳。作者以拟人化的手法写它枝叶美、果实美、树体美，即形美、外在美，更可贵的是它的内在美，“受命不迁，生南国兮。深固难徙，更壹志兮”，意在借以表达自己的爱国之情、民族之情。屈原在后来两千多年来的历史中一直被视作中华民族文化精神的代表、文人的楷模，原因之一就在于他这种高度自觉的民族气节、爱国精神。故国的山川土地、君主人民、制度文化、风俗物产等，养育了自己身体和精神，所谓皇天后土人民，对他们的感恩之心、护卫之责、祝福之愿就是这种国家民族精神的源泉。对一个人，尤其是知识分子来说是他最可贵的东西，生死以之，矢志不移。正是这种东西，使中华民族几千年来文明未断，国家虽曾数遭分裂而终又统一。现今有所谓的人类主义、全球意识在流行，一些人说我不要做中国人，要做世界公民了，爱国主义、民族立场是狭隘的，落后的。试想，一个不知自己血缘之根、文化之根的人，一个对家国都不热爱的人，如何能做好一个世界公民，如何能真诚地为人类做奉献？当然，我们提倡民族立场、爱国精神并不是排外仇外，而是在保持自己充分独立自主的基础上，平等地与人家交往，和平乃至友好相处。我们不要变成他们，也不希望他们变成我们。

写作中，我们一是应理解辞篇中的爱国主义的丰厚内涵，培养自己的民族国家意识；二是它以拟人化的描写手法，形象生动地状写橘树的形貌特征及其内在品质。

一任晚山相对愁

南去北来休便休，白苹吹尽楚江秋。

道人不是悲愁客，一任晚山相对愁。

程颢《题淮南寺》

诗人在淮南寺休息，观感而生诗情，遂有此作。南来北往到处奔波，今到一寺驻足得以休息，就放松心情任性休息。放眼看去，西风将长江里白苹都吹尽了，秋气已深。志于道的人不是悲秋的骚人墨客，那就让寂寞的晚山相对发愁去吧。

诗的题旨是因见江面秋气肃杀而生感思，于是借题抒情言志。秋风起，寒霜降，草木摇落，草木一秋，人生一世，文人见此而生伤悲之情，文章的源头是战国楚人宋玉的《九辩》，以后相沿感染，千古流传。这是骚人墨客的事情，农人就最喜金秋。

本诗的作者程颢是著名的理学家，他自称道人，即学道、求道、悟道、传道的人。这个道按照儒家的理解，是存在于天地万物和人心中的至理，它是自然规律、社会规律，也是人心的规律。通过修习、传授、悟证，明白了这个道，就能达到通达明净、心无桎碍、任性自由的境界。程颢觉得自己就是这样的人，他心中了然秋之为秋的道理，决不会为秋天的现象所迷惑感染，去发那种没有意义的闲愁。秋风也好，秋江也好，秋也好，傍晚的秋山也好，如果它们爱发愁，就让它们相对发愁去吧。诗人的情思早在这些境界之上、现象之外了。

“道人不是悲愁客，一任晚山相对愁”，从写作上说，在立意上，诗人一反成见，破忧伤为超脱，拓偏狭为阔大，的确是别开生面，境界自有过人之处。旧题翻新意，有新见，另辟蹊径，是作文有创意、避雷同平庸的一个好方法，可用于命题的同题作文。在表现手法上，诗人使用了拟人，将暮霭中的秋山比拟为孤单寂寞的人，无奈无望中相对发愁，十分形象。南宋的姜白石有词句曰“数峰清苦，商略黄昏雨”，就似袭用了这个意思。其实山的人格化形象正是人情投射的结果，山作为自然之物，哪有愁不愁的问题呢？但在诗中，这很真切，因为是诗人心中觉得就是这样子的。

谁人敢议清风价

尽室林塘涤暑烦，旷然如不在尘寰。
谁人敢议清风价？无乐能过百日闲。
水鸟得鱼长自足，岭云含雨只空还。
酒阑何物醒魂梦？万柄莲香一枕山。

韩琦《北塘避暑》

作者韩琦，北宋相州安阳（今属河南）人，朝廷大臣。这首诗写在避暑胜地的体验，抒发人生情怀。来到尽室林塘，洗涤暑天的烦恼，心情旷然如离开了人间尘世。哪个人敢议论清风的价值？有了它没有音乐之乐也能消遣三个月的夏天。水鸟得鱼果腹就满足了，岭上的云蕴含着雨水无意识地浮来浮去。酒后用什么来清神解酒？有这湖塘里的万柄莲花的清香、一条横卧的青山也就足够了。

诗题是写避暑，来到这有水有山但无人烟的地方，气温自然比较凉爽。但诗人之志在“避俗”，没有人事的纷纭喧嚣，面对青山绿水心地自会“旷然”。清风送凉爽人体，清风无尘爽人心，虽然不用一钱买，但谁人敢说它不值钱？通常文士官绅往往用歌舞管弦之乐来消暑，诗人觉得有清风明月我可以消遣这漫漫长日了，毕竟歌舞管弦也是常人俗物。水鸟有鱼吃就已满足，不奢不贪即自得，山间的行云浮来浮去也不想有何作为。

通读这首诗当明白，作者不过是借避暑之题抒写个人淡泊清高的人生襟怀。作者官品很高，政治前程不免有得失进退，但他似乎超脱了这些世俗的烦恼，在对山水自然的观赏中获得了心灵的宁静，体味到了人生的真昧。这种心态也是那个时代文人士大夫常有的心态，一方面想在政治上有作为，追求功名富贵，另一方面又想获得清静无为自由自在，追求纯粹的精神享受，即审美的人生境界。两种心怀此消彼长，交替为用，常常是仕途事业遭受挫折困顿了，便退避到自然界中来，作为前者的对立或补充。

“谁人敢议清风价？无乐能过百日闲”，可以当作两句哲理诗来品赏。清风明月对人生来说没有直接的功利价值，但是有审美价值，可这价值也只有有审美心态、超脱世俗束缚心灵的人才能领略。中国出色的文人大都懂得它们的好处，庆幸世人不与自己争夺这个东西。比本诗作者晚一辈的诗人苏轼对此说得更是明确，《赤壁赋》：“惟江上之清风，与山间之明月，耳闻之而得声，目遇之而成色，取之无禁，用之不竭。”作文中我们如想表达自然美“无用之大用”的时候，就可引用这两句诗。有这种感受和想法需要亲自去观赏体验自然风景，时常去静观品味风景的意味，培养自己清高淡泊的志趣。现代社会吸引青少年的人工玩意儿太多，家长学校对学生的实用思想感情灌输和熏陶也太重，纯真自然的审美情怀尤其难以滋养，青少年们自己应该有这个觉悟。

“水鸟得鱼长自足，岭云含雨只空还”两句诗可以表示人生知足常乐、任性自由的志趣，通俗地说它表示对物质功利的东西不要贪心，不必去苦追求，于人生够用即可，对此看得淡些，人生才能得自由，精神上才能超脱而丰富。如果我们议论功利主义、物质享乐主义对人生意义的害处时，可以引用这两句诗作一个论据。

凌波仙子生尘袜

凌波仙子生尘袜，水上轻盈步微月。
是谁招此断肠魂？种作寒花寄愁绝。
含香体素欲倾城，山礬是弟梅是兄。
坐对真成被花恼，出门一笑大江横。

黄庭坚《王充道送水仙花五十枝，欣然会心，为之作咏》

黄庭坚写诗推尊杜甫，学养丰厚，喜欢用典，主张“无一字无来处”。这首诗很能表现他的这一特点。写作此诗时，诗人正在荆州等待朝廷的安排。王充道为荆州人。黄庭坚观赏亭亭玉立于花盆中的水仙花，马上想到了“凌波微步”、罗袜生尘的洛水女神，在碧波与微月间轻盈漫步。是谁招来她的“断肠魂”，种成这凌寒而开的水仙花，以寄托深深的愁恨呢？你看她含着幽雅芳香，形体素淡洁白，简直有如倾国倾城的美女！山礬是她的“弟弟”，梅花是她的“兄长”。突然醒悟自己对花赏玩太久，她该恼了，还是一笑辞别出门去，门外就是滚滚东流的大江。

“凌波仙子生尘袜，水上轻盈步微月”这两句诗，作者是借用了曹植《洛神赋》中的典故。《洛神赋》中写洛神“凌波微步，罗袜生尘”，姿态优美，而诗人在此把水仙花当作洛神的化身，以洛神喻水仙花。因水仙花是水生的植物，一般是以清水养之。清水中的花儿清新脱俗，所以诗人冠之以“凌波仙子”这两句诗，把水仙花的玉洁冰清、空灵绝美展现得淋漓尽致，令人对它肃然起敬。这种恰当地运用典故的方法在写作中是很值得借鉴的。我们在描写水仙花时，可以引用这两句诗，把水仙花的清新、雅致勾勒出来。此外，由于水仙花有着冰清玉洁的品格，我们引这句诗，也可以表现一种高洁美好的情操和品格。“凌波仙子生尘袜，水上轻盈步微月”是写水仙花最绝妙的佳句，一提到水仙花，我们就应马上想到这两句诗。

海棠不惜胭脂色

二月巴陵日日风，春寒未了怯园公。
海棠不惜胭脂色，独立蒙蒙细雨中。

陈与义《春寒》

陈与义，字去非，洛阳（今属河南）人，宋代的一位重要诗人。他的诗，词句明畅，音节响亮。这首诗作于1129年，时值金兵屡屡南犯，诗人辗转南逃，小居岳阳，借郡守王后园的君子亭居之。诗人在漂泊流离中备尝艰辛，春天来了，诗人感到的还是寒意。这首诗的大意是：二月的岳阳日日有风，春寒未尽，令园公我难以忍受。海棠不惜污损胭脂之色，傲然挺立于蒙蒙细雨之中。

“海棠不惜胭脂色，独立蒙蒙细雨中”，这两句诗是陈与义的名句。海棠为名花之一，历代都有写海棠的诗篇，但大多都是写海棠的艳丽，花开之不俗，妩媚有余而品格不足。但在这两句诗中，作者赋予了海棠一种高洁风雅的品格。在春寒料峭、日日刮风的日子里，庭园中的海棠独自开放，海棠花色泽鲜艳，在寒风细雨中仍展红吐艳，傲然独立，显示出一种以生命之火向人间传送春意的丽质和雅韵。诗人在此用“不惜”“独立”等词语，表现了海棠与春寒不屈不挠的斗争精神。一般歌咏花木的诗，大都离不了松竹梅，但作者一反这类作品都赞美松竹梅的常规，让海棠的风格也因此令人刮目。诗人以情状花，以花映人，寓意深厚。

“酒是陈的香”，古诗中的诗句在我们今天的写作中仍有其不可取代的位置。在一篇写景抒情的文章中，如果我们需要描写春寒未尽但海棠已开的景色时，为了表现一种不畏严寒不怕风雨的精神，就完全可以引用这两句“海棠不惜胭脂色，独立蒙蒙细雨中”，将一幅高雅不俗的早春景图凝缩于这十四个字中。这样既节省了我们的笔墨，又显示了我们的文学功底，同时也给文章增添了几缕神韵。

谁怜三尺像，犹带瘦精神

已是穷侵骨，何期早丧身！
分明上天意，磨折苦吟人。
花色连晴昼，莺声在近邻。
谁怜三尺像，犹带瘦精神。

翁卷《哭徐山民》

翁卷，字灵舒，温州乐清（今浙江温州）人，“永嘉四灵”之一。诗题中的徐山民，即徐照，位列“永嘉四灵”之首。翁卷和徐山民二人终身都为布衣，穷困潦倒。这首诗是哭悼徐照的，诗的大意是：已经穷到了骨头了，怎么能料到这么早就离开了人世！这分明是天意呀，折磨苦苦吟诗的人。花的色彩连着晴朗的白天，莺鸟在近邻边啼叫。谁可怜这三尺画像，像上依然带着生前的那种瘦骨嶙峋的精神。

这首诗痛悼诗友，感情真挚，有一种同病相怜的意味。诗人感叹徐照生前的穷困，赞美他生前对诗文的痴迷之情，虽然物质生活不尽如人意，但在精神上有着顽强的追求。这是徐山民一生的真实写照，所以诗人用“谁怜三尺像，犹带瘦精神”歌颂他。

这两句诗是宋诗中的名句，其中的“瘦”字用得特别好，含不尽的言外之意。“瘦”字指身体的贫弱，一般来讲，只有物质生活的贫穷才能使人瘦，而瘦的人一般比较灵巧，有精神，这是从字面上来讲。另外，除了身体的“瘦”之外，“瘦”还隐喻出精神上的苦苦追求。物质生活的贫穷并不可怕，可怕的是没有精神上的追求，“可使食无肉，不可使居无竹”，没有精神上的追求，人活着就是一堆行尸走肉，正是在这一点上，诗人赞美诗友徐照的“瘦精神”，令人感动，令人钦佩。

“谁怜三尺像，犹带瘦精神”这两句诗，我们在作文中引用，可以用来缅怀先人，歌颂他们的那种不屈不挠的进取精神，诸如在题如“望着鲁迅的遗像”“望着周总理的遗像”这类文章中，既可以以此两句诗作概括的肖像描写，也可以以它表现主人公的坚强性格。

不谈未必定清流

人生薪水寻常事，动辄烦君我亦愁。
解用何尝非俊物，不谈未必定清流。
空劳姹女千回数，屡见铜山一夕休。
拟把婆心向天奏，九州添设富民侯。

袁枚《咏钱》

作者袁枚，字子才，清代浙江钱塘（今杭州）人，乾隆年间著名诗人。这首诗是对金钱的议论，可谓是冷题材，因为钱俗不入诗。晋代人鲁褒曾有一篇妙文《钱神论》，十分精彩，可供一读。诗的前四句说在人的生活中买柴买水是经常要处理的事，动不动就要劳驾您（钱）也使我发愁。（后来称工资为薪水，意思是靠工钱买柴买水之意。）用得适当未尝不是好东西，不谈钱者未必就是清谈家一派的人。“不谈钱”来自一个典故，《世说新语》上记载，王衍雅尚玄远，讨厌他夫人贪浊，口中从来不说“钱”字，当然手也从不接触钱。他夫人就想办法让他说“钱”字。她命使女将钱币绕着王衍的床撒了一圈儿，使他不能下床。早晨王衍起来，见钱挡路，怕沾染了自己，就呼叫女仆：赶快拿走这个东西（阿堵物），到底“钱”字未出口。五、六两句是典故，说的都是贪钱的典型。《后汉书·五行志一》上记载京师童谣有云：“车班班，入河间，河间姹女工数钱。以钱为室金为堂。”说的是汉灵帝母亲永乐太后好聚金作堂屋，且长恨不足，让灵帝卖官受钱，惹得天下忠笃之士怨恨。汉文帝时，邓通得宠，但邓通无他能，唯以媚上为能事。文帝让看相人为邓通看相，相师说邓必饿死。文帝于是赐给邓通铜山，让他自己铸钱，邓通于是成为天下至富。文帝死，景帝立，邓通被抄家，至于一文不名，穷饿而死。诗的最后两句说，我打算把我对钱的好感向上天禀奏，请天帝封钱为人间的“富民侯”。

诗中举了三个历史人物对待金钱态度的极端事例，从不同角度说明了人们对钱应该采取正确的态度。清谈家清高自负，不沾钱不说“钱”令人可敬不可学，何况嘴上不谈钱的人未必都如王衍那样真清高。靠权势贪钱无厌的人令人憎恨，如永乐太后。而没有真本事的人给他一座金山他也会饿死，如邓通。

“解用何尝非俊物，不谈未必定清流”，这两句诗对我们很有现实意义。在当今商品经济社会中，钱的作用日益突出，耻于谈钱的雅人君子几乎绝迹了，多是见孔方兄眼热心跳手痒的人。但千万记住钱的“两面性”，贪钱必然引来祸害。人生有许许多多钱买不来的东西：青春、健康、学问、人品、尊重、感情、思想……这是一个议论文的话题。

兴来只写青山卖

不炼金丹不坐禅，不为商贾不耕田。
兴来只写青山卖，不使人间造孽钱。

唐寅《言志》

作者唐寅，字伯虎，明朝江苏吴县（今江苏苏州）人，书画家、诗人。为人风流倜傥，自刻一方“江南第一才子”印，可见其人风度。这首诗一如其人，有点自负清高的意思。第一句说他自己不信神仙道士，不求长生不老也不相信佛家坐禅参证之说，总之是在俗不出家。但是也不做生意也不去种地。兴致发作的时候写写山水画卖卖，决不巧取豪夺去赚钱。

这是一个才高自负的文人自画像。的确很特殊，士农工商，四民中他都不沾边儿，但也不是三教九流中人，何以为生呢？卖画卖字。而且并不辛苦作书作画，兴致发作才写，任性而已。这首诗既是诗人的自况，也是对社会的揭露。“不使人间造孽钱”，说的是我自己，那么世上呢？有多少人靠巧取豪夺、投机钻营而发不义之财？富贵的人的钱财有几个是干净的？唐寅十九岁科考中式应天府第一名解元，第二年北上进京参加会试，不幸因科场舞弊案受牵连被革除功名，从此灰心于仕途，以游山观水为乐，致力于绘画书法，以卖画为生，终生以才艺自食。

“兴来只写青山卖，不使人间造孽钱”，是一个知识分子、一个文人清高自爱的人生宣言。人都是要谋生的，但通过什么方式、什么手段谋生能见出一个人的人生质量、人生境界。最高的人生境界是学有所长，通过对社会、他人的贡献而得酬劳，通过自己的劳动创造为他人提供所需来换取自己的生活资料。至于是卖画还是耕田或是教书做工都没有关系。作为青年学生，我们应树立正确的金钱观、人生观。封建文人的这两句诗是值得我们认真思考的。如要作文中使用，就借这两句诗谈金钱观、人生观。

且看黄花晚节香

池馆隳摧古树荒，此延嘉客会重阳。
不羞老圃秋容淡，且看黄花晚节香。
酒味已淳新过热，蟹黄先实不须霜。
年来饮兴衰难强，漫有高吟力尚狂。

韩琦《九日水阁》

作者韩琦是北宋仁宗朝大臣，于九月初九重阳节在水阁楼台上筵请宾客，赏菊饮酒吃蟹，十分愉快，于是作诗记述之。水阁年久失修古树叶也摇落了，在这样的地点于重阳节日宴飨嘉宾。主人不以园中秋色萧索为羞，你看那黄色的菊花在晚秋散发着清香。饮着热过的醇酒，吃着鲜肥的螃蟹。虽然近些年来体衰不太胜酒力，但诗兴未减反高昂。

《苕溪渔隐丛话》前集卷二七《韩魏公》上记："魏公（韩琦封魏国公）在北门，重阳燕（宴）诸曹于后园，有诗一联云：'不羞老圃秋容淡，且看黄花晚节香。'公居尝谓保初节易，保晚节难，故晚节事尤著，所立特完。又作《喜雪诗》一联云：'危石盖深盐虎陷，老枝擎重玉龙寒。'人谓公身虽在此，自任以天下之重如此。公为诗用意深，非详味之，莫见其指，皆此类也。"这一段有关背景的记述，对我们理解这首诗的寓意很有帮助。韩琦在朝廷久居相位，英宗时又封魏国公，为大臣元老，但能廉洁自律，尤尚晚节，的确令人敬佩。所说的"保初节易，保晚节难"，尤其发人深省。一个为官者，在年轻有为时事业正盛，有建立功名的雄心，容易克己奉公，刚正廉洁。到老年之时，功成名就，有权有势，就想一生辛苦，如今也该享受一番了，为自己享乐，为儿孙前程，乃至为亲朋故旧的私利而运用权力了，自律意识就松懈了，不免干出营私舞弊、坑害国家人民的事来，也将自己一生的功名毁于一旦。历史上、现实中这方面的教训太多了。

"不羞老圃秋容淡，且看黄花晚节香"两句诗意味醇美丰厚，作为写秋园残景之句，格调极高，异乎寻常人。颓园古树于晚秋时节，其景色自然是萧索荒凉的，不会引起人的兴致，当然也不宜于兹饮宴聚乐，但主人不因“秋容淡”而在客人面前感到羞愧，因为这里有唯在此时开花飘香的秋菊，晚秋之秀格外喜人。作为拟物写人、托物言志之作，这两句诗也极妙肖，人老了，失去了朝气、血色，体如枯树，面似秋容，不耐观瞻了，不能在事业上有作为了，但精神气节尚存，老而益坚，令人敬爱。用在作文中，一是写景，二是喻人。前者如写园林中的秋菊展，后者记述保持晚节的尊长。

从来天下士，只在布衣中

一笑无秦帝，飘然进海东。
谁能排大难，不屑记奇功。
古戍三秋雁，高台万木风。
从来天下士，只在布衣中。

屈大均《鲁连台》

作者屈大均，字翁山，广东番禺（今广州市）人。明诸生，清兵南下，为抗清志士。明亡曾为僧，又还俗，终生不忘故国之恨。这首诗借怀古抒自己心志。

鲁连台，在聊城东，高七丈，为纪念战国时齐人鲁仲连而建。本诗的前两句说，鲁仲连使赵国义不帝秦，功成之后一笑而逃到海上隐遁不出。有谁像他这样排除大难，却不屑于受功受赏？古时的战场，今见深秋雁过，纪念台的四周，万木生风。从来天下的奇士，都隐居于平民百姓中。

鲁仲连是战国时齐人，有计谋，但不肯为官。常周游列国，排难解纷。秦军围赵都城邯郸，赵孝成王请魏国援助。魏国派使者劝赵尊秦为帝，以使秦罢兵。鲁连仲自请见魏使臣，陈述“帝秦”的危害，魏使臣为之诚服，回国复命并建议国君派兵救赵，秦王听说魏将助赵击秦，只得退兵。齐国进兵收复被燕国占据的聊城时，他又写信劝说燕将弃守，以文克敌，不战而胜。后赵相平原君以官职及千金封赠鲁仲连，皆不受，笑对平原君说：“所贵于天下之士者，为人排患解难，解纷乱而无所取也。即有所取者，是商贾之人也，仲连不忍为也。”于是辞平原君而出，终身未再见。

本诗作者屈大均，怀歌古人，同时表明自己将效法鲁仲连，唯以天下为己任，而不计个人功名得失的志愿。在作者生活的那个时代，“天下之任”就是不忘反清复国的民族责任，为民族的未来大业而尽心，在当时的历史条件下，当然不会有任何个人功名可言，所以，这种志业即是为理想为道义而不为“有所取”。

“从来天下士，只在布衣中”，这两句诗的含意已超越了对具体人事的评价，成为对中华民族志士仁人人格精神的高度概括。志士之所作所为，唯道义而已，即今天说的为真理正义，绝非图后来福报。往往功成不居，功成身退，仍然做一个布衣百姓过平平常常的生活。那些虽然也有作为，但目的是为了博取个人功名富贵的衮衮诸公，当然不足与之并论。作为一个人，我们做的一些事本来是出自良心责任道义，是不讲回报的，既不图利，也非图名，唯心愿而已。如今，天下滔滔者皆为利来，皆为利往，“世无鲁连子，千载徒悲伤”。我们是否能发思古之幽情，也做一些不要报酬的事呢？用于作文中可取其二义。其一，什么叫“以天下为己任”的士，即“避世与入仕”的关系。其二，我们自己如何学习乃至实践这种精神。

何必大夫封

一片菁葱色，移来历万峰。
数枝初伴鹤，孤干已犹龙。
日瘦阴还薄，风多响自重。
岁寒堪寄傲，何必大夫封？

宋荦《种松》

作者宋荦，字牧仲，清代河南商丘人。这首诗托物言志，有些意味。诗题上说是“种松”，即栽种在园林中的松树。一片青绿色的松树是从远处的山峰中移植来的。现在刚刚放养了几只鹤在树下，树干长得坚劲似龙体了。冬日阳光弱，天气又阴冷，寒风穿松针窸窸作响，尤显树姿庄重。在寒冷的冬季坚挺不凋即足以傲世，何须借助“大夫”的封号呢？这里用了一个典故。《史记》上记载，秦始皇登泰山封禅，即以天子的身份去祭告天地，突遇暴风雨，匆忙中避雨五株松树下，于是为表彰松树“护卫”皇帝的功劳，御封五株松树为大夫。

“岁寒堪寄傲，何必大夫封”，这两句诗意思是说松树本身充满生机，不畏严寒风雪，四季都坚挺苍翠，本身的品性功能超群逸伦，自可以傲世，不须借皇帝给的封号才贵重。的确有道理，千百年来，人们喜爱松树，敬仰松树，原因是从松树的自然本性中受到了启发。它给人的精神上的感召，与它和人间至尊皇权的际遇并没有关系。从中引申出另一个道理，即为人的社会价值取决于自身的品性、才能、作为，而不在于权力曾经给他加上过什么荣誉。许多人不了悟这个道理，将职务、称号、名分、上面对自己的褒奖之类看得很重，并以此自骄且骄人，其实这可能是靠不住的。因为有许多是名不副实的东西，人的价值来自自重而非借重。作文中使用这两句诗，可以阐释如何才能实现人生价值，如何看待名分的道理。

标格原因独立好

冰姿不怕雪霜侵，羞傍琼楼傍古岑。
标格原因独立好，肯教富贵负本心。

秋瑾《梅（其十）》

作者秋瑾，字璿卿，号鉴湖女侠，清末山阴（今绍兴）人，近代女性民族革命英烈。1907年在绍兴被清政府杀害。这首诗是借题言志。古来诗人咏物多有寄托，用心不在于客观之物，而是借写物而暗中言志。所以尽管我们看到古诗中同一题

材，即描写对象反复被描写，如松、菊、梅、荷、竹……但由于作者的寄托不同，其诗作的思想主题及审美意味都是有差别的。如果仅仅是对事物特征的描写，同一事物写得多了，必然会雷同。这首诗因为作者个人有特殊的寄托，所以和前人千首万首的咏梅诗是不一样的。诗的头一句言梅的傲寒之性本是诗人们的共识，不必去说。第二句说梅羞于长在琼楼旁而宁愿长在古山上，这就是借题言志。琼楼，乃官府富贵之所；古岑，野山，乃指古代的高洁之士所居之处；梅当然是作者自况。第三、四句说，梅花的风范令名原因在于她孤高独立，并不依附于人，怎么会因为贪图富贵而辜负自己的志向呢?

这首诗是有作者的身世背景作支撑的。秋瑾作为女性，立志反清革命，拯救国家民族，在一百多年前几乎是破天荒的行为，为家庭所不许。1903年，秋瑾丈夫王廷钧捐官户部主事，秋瑾随夫北上京师。王廷钧热衷于官场富贵，极端仇视秋瑾的革命思想及行为，极力用封建礼教来束缚她。秋瑾革命意志已决，不服从丈夫，便遭家庭暴力。这首诗意在表明自己不羡富贵，不依附权势，乃至不依附于丈夫，坚持自己的人格独立和思想独立，就像古代那些高洁之士去实践自己的政治理想。

“标格原因独立好，肯教富贵负本心”，当我们想到追求自由意志、人格独立，立志为真理而奋斗的时候，可以从这两句诗中得到精神上的激励。这也是一个议论人生价值的好话题。

任尔东西南北风

咬定青山不放松，立根原在破岩中。

千磨万击还坚劲，任尔东西南北风。

郑燮《竹石》

郑板桥最喜欢竹子，他的画绝大部分题材是竹子，不仅画，而且形诸题咏。画之不足，故歌之，可见其爱之深切。在他心中笔下，竹子有许多美好的品性，这首诗就是写竹的坚劲。竹的生命力极强，即使不生长在膏腴之地，也能顽强生存。山中土薄石坚，即便如此竹也“咬定青山不放松”，将根须深深扎进岩石的缝隙中，吸收其中的水分养料。因为根须寻找泥土水分必须绕过岩石，从岩缝中伸入，比往松软的土层中伸展要艰难得多，它的根须磨击得更加坚劲，“咬定”了山石，根基就牢固了，所以不怕任何风吹雨打。

“千磨万击还坚劲，任尔东西南北风”，写竹的性格，其实写的是人品，是对坚强的人格精神的赞扬。人性也如物理。有的人生长于富裕人家，衣食不忧，生活舒适，诸事顺利。这样的人性格往往软弱，经不起人生坎坷挫折，不能承担天下大任。而生于贫困家庭的人，衣食不保，若要生存须付出极艰苦的努力，这样反而磨炼了他生存的意志、适应不利环境的能力，可能成为性格坚强、勇敢无畏、有所作为的人。所以古来有作为者大都是在困境中磨砺出来的，“艰难困苦，玉汝于成”，“庭院里跑不出千里马，花盆中长不出不老松”。所以，出身贫困者，不必羡慕富裕人家；家境优越者，更应自强自立。一个人必须练就坚强的体魄，有健强的生命和坚劲的意志才能有所作为。这两句诗用以描述人在困境中的坚忍不拔的意志。人们对黄山松也有类似的描述，可供一记：“云为乳，石为母，黄山松树不识土。”

清风两袖朝天去

绢帕蘑菇共线香，本资民用反为殃。

清风两袖朝天去，免得闾阎话短长。

于谦《入京诗》

作者于谦，字廷益，明代钱塘（今杭州）人，著名的清官廉吏。为政严惩贪污，平反冤狱，有惠政，被民间称为“于青天”。当时政治腐败，地方官吏进京奏事，总是携带大批本地土特产，作交际人情之用。于谦不以为然，于是口占了这首《入京诗》，表示自己的严正态度。诗中说的“绢帕蘑菇共线香”都是各地的土特产，本来是有利于民生资用的好东西，但地方官却用它们来搞腐败勾当，败坏社会风气，所以说是“反为殃”。最后两句说自己是如何进京的：带上两袖清风去朝见皇上，以免老百姓说长道短。

在一般人看来，地方官上京城办事带点儿土特产送送人情，作为“公关”之用，联络感情便于办事，都是为工作，并不等于行贿，不算什么事。但于谦不这么看，他认为这会败坏官场风气，为害社会，老百姓是痛恨的。如果为官者真正光明磊落，为公无私，实在是用不着这么办的。像于谦这样“清风两袖朝天去”的干部，恐怕什么事也办不成，回来真没法儿交代……这两句诗很有意味，往下的话留着你在作文时接着说。

雪满山中高士卧

琼姿只合在瑶台，谁向江南处处栽？
雪满山中高士卧，月明林下美人来。
寒依疏影萧萧竹，春掩残香漠漠苔。
自去何郎无好咏，东风愁寂几回开？

高启《梅花九首（其一）》

高启，字季迪，长洲（今江苏苏州）人。元末曾隐居吴淞青丘，自号青丘子。他才华横溢，清新超拔，为明代成就最高的诗人之一。这首诗的大意是：梅花的风姿就本该充任瑶台上的琼玉，谁把它栽向了江南的处处山林？雪满山中，梅花像高士那样稳稳地酣卧，明媚的月光下树林中的梅花像美人一样姗姗而来。萧萧的竹子在严寒中依附着梅花的疏朗的影子，漠漠的青苔遮掩在梅花残留的清香之上。自从何逊去了之后没有好的咏梅诗，寂寞愁苦地在风中开落了多少回？

“雪满山中高士卧，月明林下美人来”，这两句诗是千古佳句。在此诗中歌颂梅花的精神，高士、美人在此是喻梅花，用来比喻梅花的高洁、秀雅及超凡脱俗，在铺满大雪的山中高士从容而卧，不与常人苟同。在月明星稀的林下，美人款款而来，令人赏心悦目。这是多么超凡脱俗的世界，又是多么超凡脱俗的品格。诗人在这两句诗中为我们创造了圣洁、秀雅的意境。

这两句诗虽是写梅花的超凡脱俗，但我们在作文中可以用这两句诗来表现一切超凡脱俗的人和事。由于这两句诗对仗工整，读来朗朗上口，所以在作文中常常被引用，表达一种激情，给人美的启迪。

另外，这两句诗还可以分开单独在文章中引用，用来表现典型环境中的典型人物，用环境来烘托人物的品行，歌颂人物的精神。

劝学勉行

人生寄一世

今日良宴会，欢乐难具陈。
弹筝奋逸响，新声妙入神。
令德唱高言，识曲听其真。
齐心同所愿，含意俱未申。
人生寄一世，奄忽若飙尘。
何不策高足，先据要路津？
无为守穷贱，轗轲长苦辛。

《古诗十九首·今日良宴会》

《古诗十九首》者，汉代无名氏作品，原非一时一人所为，梁代昭明《文选》因各篇风格相近，合为一编，题名为《古诗十九首》，后世相沿承传以至于今。

诗的前八句写宴乐的情景。宴中奏乐，筝音激扬，非同凡响，新词新曲美妙，引人入胜。歌者唱词意味高妙，听曲知音者感悟其诚意真情，与会的都心生共鸣，只是不需用白话说出来。诗的后六句写作者对词曲含意的感悟，由宴乐而思索人生。

“人生寄一世，奄忽若飙尘”，作为文思可以有两个层面的引发。其一，对人生局限的清醒认识、体悟。面对日月星辰、山河大地，乃至苍松巨柏、神龟仙鹤，人的生命是太短暂了，神仙不可求，来世未可知，为人即此生。这种对个体人生命运的忧思悲叹，恰恰是人的自我意识觉醒的表现，是人的理性发达之后才有的。被宗教迷信禁锢的人不会有这种意识。其二，并不因此而绝望无为，相反，是珍惜生命、热爱人世，去努力进取、享受人生，贫贱者应立志奋发，改变命运，尽可能地去争取人世的幸福欢乐，决不昏昏庸庸、愚昧无知过一生。所以这种对人生的悲观体认，并未引向否定人生、转入宗教以求安慰或听天由命的麻木无为，而是激发了对现世人生的执着与追求，人生的意义也就在这种痛苦的忧思与执着的追求中实现了。青年时代正是感悟人生、思索人生的起始阶段，看破红尘的虚无主义和愚昧无知的及时行乐主义，都是不可取的。读汉人古诗，当有所取鉴。

常怀千岁忧

生年不满百，常怀千岁忧。
昼短苦夜长，何不秉烛游？
为乐当及时，何能待来兹。
愚者爱惜费，但为后世嗤。
仙人王子乔，难可与等期。

《古诗十九首·生年不满百》

人生不过百年，但常常思虑百岁以后千年的事。既苦于白日短夜间长，为什么不持烛以畅游？行乐要及时，不必等来

年。愚蠢的人不舍得时光财物，但为后人留下笑柄。像王子乔那样，被道士接引入仙山，哪里是人人可以期盼的？

“生年不满百，常怀千岁忧”，诗中这两句，既是叙实情，也是不以为然的规劝。从实情说，古人以为人生百年，寿之大齐，绝大多数人活不到这个极限。可实际上，人往往忧思百年以后乃至千年的事。平民百姓，有生之年想到为儿孙留下些许田宅或谋生之技；王侯将相，处心积虑想把自家的江山富贵代代相传；骚人墨客，期望流芳百代；仁人志士，不求此生富贵，但求青史留名；圣人贤者，则忧思邦国种族之兴衰，亿万生民之苦乐，为先人则兴灭继绝，为后人则开万世太平。为人者，能超越一己生存的需要而为往者想——无愧于祖先，而为未来想——不愧于后人，从社会整体利益的角度来说，因此，文明得以积累承传，社会得以发展进步。

这种行为，理应得到肯定、赞扬。但是，从诗人的态度来看，人去为超出个人生命之需的事情去忧虑，是没有必要的。祸福旦夕，人生无常。人生能做的，可把握的，是个体身心的愉快，得享乐处且享乐，须尽欢时当尽欢。这种思想作为人生哲学，当然为中国传统的主流文化所否定，尤其不适宜在青年人中提倡。但历史地看，汉末人有这种思想是有深刻的社会原因的。汉末社会黑暗，战乱频仍，民生艰辛，福祸无常，在思想上西汉确立的纲常一统观念被击破，神学天人感应说、谶纬迷信被破除，思想大解放了的文人知识分子，从现实中看不到任何永恒的有价值的东西，从精神上也找不到可以信仰的东西。他们对社会几乎无能为力，什么也不能做，进退失据。他们在精神上极为苦闷但又相当清醒，又不愿放弃人生，于是才产生了这种及时行乐的思想情绪。事实上他们得到的快乐远远抵不住心底的悲哀、痛苦。我们也可以把这种情况看作文人们抗世求生的一种表现。所以，虽说不能给人以激励奋发，但也相当真切感人，其诗篇诗思诗句富有一种特殊的美感。之前没有，后世也难以为继。今天的青年人不可能也不该吸取古人特定社会历史情况下的思想倾向、人生态度，但须理解同情，并作为我们自己思索人生意义的借鉴。

昨日邻家乞新火

无花无酒过清明，兴味萧然似野僧。
昨日邻家乞新火，晓窗分与读书灯。

王禹偁《清明》

作者王禹偁，北宋巨野（今属山东）人，著名诗人。这首诗写读书人的清贫寂寞，唯以读书悦志。清明节既没有花可赏，也无酒可饮，诗人兴致索然，有如山间野寺中的和尚。昨天从邻家借来新打着的火种，清明凌晨，就在窗前点灯读书。

清明节在农历的三月，东风送暖，春意正浓，盛开的花、飘落的花，触目沁鼻。因而也是文人士大夫们游春赏花、饮酒赋诗的时节。风醉人，花醉人，酒醉人。唐杜牧有诗曰："清明时节雨纷纷，路上行人欲断魂。借问酒家何处有，牧童遥指杏花村。"韩翃也有诗句："春城无处不飞花，寒食东风御柳斜。"

描述的都是这种情状。但是，这首诗中的主人公，却无赏花饮酒的雅兴，为什么呢？可能有两个原因。一是清明节前一天是寒食节，习俗是前后三天不生火，吃冷食，家家不冒烟。古时打火很不方便，平常灶膛保存隐火，做饭烧水时再用细软易燃的柴叶来引着生起来，因保存隐火也要消耗木柴和人工，诗中主人公家里连这个都没有，须到邻家去借，那一定是自家清贫。有温饱之虞的人是没有精力和心情去赏花饮酒的，文人之乐必须有一定的生活条件作基础。二是主人公尽管清贫，但并不人穷志短，虽然无力去附庸风雅，比不得富裕人家的子弟，但能耐得住清贫寂寞，用心苦读，清早就起床点灯看书。宋代重科举，读书人可以通过科考取得功名，跻身仕途，从而改变自己的命运或实现自己的人生抱负。所以，一些贫寒子弟也不乏悬梁刺股，发奋读书者。所谓十年寒窗苦，有时不止十年。他们也有的胜过富家子弟，宋代的文官就有许多出身寒微的，这点胜过前朝。科举取代门阀因袭，在科考面前人人平等（当然是相对的），鼓舞了许多青年学子，这是社会一大进步。宋元明清许多小说、戏曲讲述穷书生悲喜故事，虽然有些理想化的、虚构的成分，但都有相当的现实根据。有一副对联说："无情岁月增中减，有味诗书苦后甜。"还有俗话曰："书中自有颜如玉，书中自有黄金屋。"都反映了这种社会心理。王禹偁的这首诗就间接地、艺术地表现了读书人的心态。近代以后，中国传统的科举制度、读书方式、读书人，都遭到了否定，认为那是害人的，对社会也有害。但客观地说，这种认识脱离了历史实际。这里我们不作全面评价，但古时贫寒子弟自甘寂寞、发奋读书的精神永远不会过时，我们今天的青年人缺少的正是这个。

问渠那得清如许

半亩方塘一鉴开，天光云影共徘徊。
问渠那得清如许，为有源头活水来。

朱熹《观书有感（其一）》

这是一首用事物作比方谈道理的诗。半亩方塘水面平静得如同打开的一面镜子，投射在它里面的日月星之光辉及云彩的影儿在水中浮动游移。若问塘中的水怎么会这样清澈呢？回答说是因为这塘水有源头活水不断涌入。

从文面上看，诗意很通畅明白，作为对一种自然现象的描绘也是成功的。但作者用意另有所在，这不过是个比方。从诗题上看，这是作者把读书明道的亲切体会借用一个比方说了出来。半亩方塘比喻人心，即人的理解感悟能力，天光云影指进入人心的各种自然、社会、人生事物，源头活水指从读圣贤之书中得到的精神营养。朱熹是理学大师，终日思考着天地万物社会人生的根本道理，不断学习修悟使他达到了心如明镜、照物无碍的境界，即他了悟了在大化流行中万事万物的根本道理，绝不会为眼前一时一地一事一象所困惑，心中颇为自信自得自乐。问他的心境为何这样清澈，能照彻宇宙间万事万物，那他就回答说他不断地学习先人圣贤的书，化他们的思想为自己的智慧才如此的。朱熹是中古时代集大成的思想家，他的思想源泉上接周公孔孟，下继周子二程，旁及佛道，所以他说的源头活水是有实指的。这首诗确实是他修学悟道的形象概括。

“问渠那得清如许，为有源头活水来”，千百年来成为志学者的一句格言，为人们所乐道。它的含意对一般的读书人也有启迪效果。自然界的任何事物若要保持生机，不腐不朽不枯，必须有新的营养成分输入进来，新陈代谢，不断更新。否则就是一潭死水、臭水，最后必然枯干。人的精神生活也是这样，如果不学习，不参照，不化他人的成果为自己的智慧，个人的学识、思想怎么会有长进呢？当然，人精神世界的源头活水未必尽是书本，从生活中、从现实中也可得来，但读书毕竟是最主要的、快捷的源头。因为前人、他人的经验、创造都集中储存在书籍中。庸才也好，天才也罢，任何人要想有所作为、有所创造都不能凭空杜撰，他必须有根有源，站在前人的肩膀上，先继承后创新，学习总是在先的。朱熹的这两句诗，实在值得我们体会记取，可作为议论文题目深入讨论。

此日中流自在行

昨夜江边春水生，艨艟巨舰一毛轻。
向来枉费推移力，此日中流自在行。

朱熹《泛舟》

这也是一首说理诗。昨天夜里江边涨了春水，艨艟巨舰轻如羽毛般地浮了起来。从前要推动它们枉费了许多力气，可是现在它们自己轻松、顺畅地航行在水中。

诗人说了这样一个现象，往日舟重水浅，众人使劲推船终归是白费力气。昨夜春江突然涨水，这又重又大的船就轻如羽毛似的浮起来，不用人力推就自动在水中行进了。这个现象描绘得很真实生动。但它是个比方，暗喻的是学问修养积累与突破的道理。为学志道者最根本的是要靠功夫，靠修养，慢慢积累，不能性急、图方便、走捷径。功到自然成，瓜熟蒂落，急功近利者往往白费力气。在学者和文人队伍中有两类人、两种方法。一类人讲天才，重独创，重悟性，轻视用功和积累，也轻视师承和借鉴。另一类人相反，重修习，讲承传，勤用功，守规矩，锱铢积累集腋成裘之后再望突进。功夫不到，火候不到决不急着冒进。这两者各有长短，但从成功率来说，对多数人来讲还是应取第二种。人们思想上的创造、科学上的发明、艺术上的创新，都离不开脚踏实地的功夫。准备和修习可能是枯燥的、艰苦的，但这量的积累是质的飞跃的必要阶段。没有这个过程，直接的飞跃是达不到的。高远的目标要建立在客观条件具备的基础上，而不能靠主观愿望去蛮干。我们应做的，是去准备条件，创造条件，重视过程，即按客观规律办事。

“向来枉费推移力，此日中流自在行”，对我们学习有很大的启发意义。春水如同我们的学养，我们的学养丰富了，解决学习上的难题，就很轻松容易，似乎水到渠成。反之，我们的学养不足，知识贫乏，想取得学习上的优秀成果或较大的飞跃是不可能的。好高骛远，白费力气。与其先用力去推船，不如先去蓄养水源，开渠引水。

万卷藏书宜子弟

食贫自以官为业，闻说西斋意凛然。
万卷藏书宜子弟，十年树木长风烟。
未尝终日不思颍，想见先生多好贤。
安得雍容一尊酒，女郎台下水如天！

黄庭坚《郭明甫作西斋于颍尾，请予赋诗二首（其一）》

友人郭明甫，于颍水入淮水的浦口处，即颍尾建筑一读书楼名曰西斋。工程完毕，请黄庭坚为之赋诗，黄庭坚就作了两首诗，我们这里选其一。家贫为了谋食不得已出来做官，从先生的惠函中得知先生在山水佳处筑斋读书，不禁肃然起敬，并自生警惕反省之心。藏书万卷益于子弟为学，成材的树木是十年中在风云雨露中生长出来的。颍尾西斋真让我朝思暮想，先生您该是多么知礼好贤啊。怎么才能够访西斋与君从容把酒？女郎台处的山水实在令人羡慕。

中国古代知识分子有这样三种人生取向：一是做一番利国利民的事业，所谓兼济天下；一是求个人的功名富贵，以仕途为谋生手段；一是终生不出仕，但以读书闲居为乐。第一种取向的人生境界高，德才志兼胜者或可能达到；第二种人生取向的人最多，相对较容易实现；第三种取向尤能体现知识分子清高淡泊自由的志趣，也非一般人能为，且非家有恒产不成，没有生计之累才能实现。在这类知识分子心目中，看不起以做官为职业谋功利的人，他们觉得还是自己这种人生境界高。所以，黄庭坚得知友人斥家资筑读书楼，闲居读书，不胜羡慕，自惜没有这个福分，“食贫自以官为业，闻说西斋意凛然”两句，并不是故作谦虚的客套话，是他当时的真实心态。书生气、诗卷气重的人，人在官场也没有如鱼得水之感，最使他向往的还是青山绿水伴读书。在封建时代，以官为本位，官贵民贱，官富民穷，追求富贵为人心所向，唯有一些纯正的知识分子、超脱功名的人才有这种调侃轻视官位的心态。这种人生取向的人尽管不多，但在中国文化的精神进程中有不可忽视的意义，是应该值得继承的思想财富。

“万卷藏书宜子弟，十年树木长风烟”，这两句诗反映了古人对诗书育人的重视。家藏诗书为子弟学习提供了良好的条件，诗书传家，子弟自幼受书卷的熏育，由识字而长知识、明事理，激发意志，丰富情感，完善人格，益处多多。这如同树木成材离不开土壤、阳光、空气、水分等必要条件的道理是一样的。如何树人？主要是通过文化教育。历代先人的智慧经验、情感理想等最有价值的部分，大都以书籍的形式物化流传下来，是后人最可宝贵的精神财富，继承并利用它们才能为现实人生造福。

丈夫志四海

丈夫志四海，万里犹比邻。

曹植《赠白马王彪》

这两句诗出自曹植《赠白马王彪》，全诗共七章，篇幅很长，兹不抄引。诗前有序，大意说，作者在黄初四年（223）五月与白马王曹彪、任城王曹彰，自封国到京师洛阳朝晋皇兄曹丕。刚至洛阳，任城王即暴死。七月，作者与白马王同路回各自的封国，因封国都在当时兖州东部，本可同行，但监国使者说按朝廷体制二藩王应各自行宿，诗人心中非常痛恨。朝廷规定，诸侯间不准来往，此一别或为永别，于是作这篇长诗赠白马王。诗情极其缠绵伤感，伤任城王之死，伤兄弟之生分猜忌，伤人生之短促，伤手足之分离。魏文帝曹丕将自己的兄弟分封到边远的地方去，名义上是沿袭古制，但主要是将他的兄弟们各自孤立起来，以免联合起来威胁他的皇位。曹植文才过人，最令曹丕不放心。本文题目上引用的这两句诗，是作者安慰白马王并聊以自慰的话。

“丈夫志四海，万里犹比邻”，这两句诗可以脱离当时特定情境表达独立的意思。古代男子立志建立功名，胸怀天下，以四海为家，并不一定终身守故土。恋家的人被看作无大志，没出息。王子及其他贵族子弟都须去边远之地建功立业，普通的士子也往往少年离家去闯荡天下。甚至有终生未归者，如唐代的李白。当然，大丈夫虽然志在四海，但也非无情，同时又非常惜情重义。亲情友情故乡情都令他们魂牵梦绕，不过只要心存怀念，虽相隔万里心也是相通的、亲近的。唐代诗人王勃《送杜少府之任蜀川》有“海内存知己，天涯若比邻”的句子，杜甫《前出塞九首》“丈夫四方志，安可辞固穷”，就是从曹植这两句诗生化来的。可见，这种思想是古代文人士大夫的共识。作为对亲友的勉励和宽慰之辞，这两句诗可以作远行久别时的赠言，如同学朋友考上了远处的大学，或者到国外去读书了，同学到边远之地去参军去工作了，等等，都可以用这两句诗表示勉励和宽慰。如果我们作文记叙的是一位在远方建功立业又时常互相问候惦念的朋友，文中使用这两句诗说明彼此的关系也是合适的。

盛年不重来

人生无根蒂，飘如陌上尘。
分散逐风转，此已非常身。
落地为兄弟，何必骨肉亲。
得欢当作乐，斗酒聚比邻。
盛年不重来，一日难再晨。
及时当勉励，岁月不待人。

陶渊明《杂诗十二首（其一）》

陶渊明《杂诗》一组共十二首，是他五十岁时的作品，前八首集中写他半百岁月的人生体验，相当真切感人。这首诗的格调与汉代无名氏的古诗十分接近，有几个句子都是从古诗中引化来的，可见汉魏晋文人之间人生态度、审美情感的继承性。前四句说人生是偶然之物，没有来处，也没有最终的归处，如在路上浮来荡去的尘土一样。死去人体分解随风化去，此生的身体不是永恒长在的。生在世上的人就如兄弟，何必以血缘分亲疏呢？能欢聚则欢聚，有酒就邀上邻居一起共饮。人生壮年已过当不再来，如同一日不可能有两个早晨。应该抓住人生积极地生活，岁月很快就过去了。

五十岁按孔子的说法是“知天命”之年，陶渊明五十岁上写的这组杂诗，正是人生的晚期对人生意义的体验回味，其间流露出浓浓的感伤情绪。人生苦短，时不我待的人生悲哀成为他心中化不掉的情结，这意识在这组诗中反复出现。如其二的最后四句：“日月掷人去，有志不获骋。念此怀悲凄，终晓不能静。”其五中的最后两句：“古人惜寸阴，念此使人惧。”这种情况可能有两个原因。其一，作为悟性极高、情思丰富的文人对人生的局限缺憾有超乎常人的体会和敏感，面对天地无疆、日月不老、山水永驻，人生不足百年真是太匆促、太危浅了，人的胸怀思虑又是那样高远，以有限对无限，以偶然对必然，岂能不生伤悲绝望之心呢？这点可看作对人普遍生命意义的感知。其二，陶渊明少怀大志，一腔热血，是很想在仕途上有所作为的。“忆我少壮时，无乐自欣豫。猛志逸四海，骞翮思远翥。”“少时壮且厉，抚剑独行游。谁言行游近，张掖至幽州。饥食首阳薇，渴饮易水流。”但是他如许多封建时代的士子一样，终归是壮志难酬，这令他觉得人生无奈与缺憾。但尽管如此，陶渊明作为那个时代理性精神很强的知识分子，并未因为人生的悲痛而到佛教中去找安慰，相信生死轮回、因缘际会之说。他一如既往地执着于现实人生，勉励自己充分利用和享受这偶然的无常的人生，所以他的思想又有一定的积极意义。

“盛年不重来，一日难再晨。及时当勉励，岁月不待人。”这是一个天才诗人经历了人生黄金岁月之后对人生的体悟，青年人应以此为鉴，充分利用有限的美好光阴，努力学习，乐观地生活，做自己应该做、能够做的事，老大时不因自己少年无知浪费人生而遗憾。这几句诗可以作为珍惜时光、热爱人生的思想材料引用在作文中。

明日复明日

明日复明日，明日何其多！
日日待明日，万事成蹉跎。
世人皆被明日累，明日无穷老将至。
晨昏滚滚水东流，今古悠悠日西坠。
百年明日能几何？请君听我明日歌。

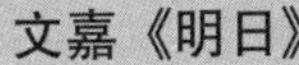
文嘉《明日》

作者文嘉，字休承，明代长洲（今江苏苏州）人，诗文书画名家。这首诗歌流传很广，旧时代私塾中蒙童都会诵唱。它

说的是人在对待时间的态度上自欺欺人，由此见出人格的软弱。古来许多人心无志向，意志薄弱，人生得过且过。他们有一个很好的自我安慰的借口，将今天要做的事推到明天去办，将现在的事留待以后去处理。他们当时心里也不是存心欺人，自己觉得明天一定能办，结果到了明天马上得办了，又觉得难办，不想办，然后再往后推。时日一长，要做的未做，越堆越多，就更难做了。自生畏惧，心想反正以前就这么拖下来了，索性都不做了。自以为想开了，放下了，心中也就不用惦记忧虑了，可以放心去消遣娱乐了。由偶然成了必然，由习惯变成了自然。这是世世代代许许多多人的人生经验教训。它反映的是我们人性的缺陷，即通常说的意志薄弱，自律能力差。有这种毛病的人无论是学习还是工作都是一事无成的。宝贵的生命也就这么一天一天过去了，回首即是百年身。

人生不过百年，大限不过三万六千日。扣除童幼无知的日子、中间生病的日子、晚年病老颓唐的日子，其间还有许多因客观条件限制个人不能支配的日子，剩下的可以自主利用的有效的日子也不过两万天。所以人生用来学习、工作、有所为的时间不是嫌长，而是苦短，发奋上进的人争分夺秒，“常将有日思无日，不待无时思有时”。用这首诗的意思结合我们自己学习上的心理经历，写一篇如何珍惜利用少年时光的体会的文章。

藏书万卷可教子

藏书万卷可教子，遗金满籯常作灾。
能与贫人共年谷，必有明月生蚌胎。
山随宴坐画图出，水作夜窗风雨来。
观山观水皆得妙，更将何物污灵台？

黄庭坚《题胡逸老致虚庵》

这首诗是作者应胡逸老之请为他的书斋致虚庵专作的诗，故称题诗。前两句盛赞主人诗书传家，重藏书而不重积攒钱财的德风。三、四句说庵主能与贫人共享粮食，必将有好报得贤良儿孙。五、六句写主人白日安坐庵中入眼青山似画，夜间静卧床上听溪流潺潺、风雨敲窗。最后两句是对主人致虚庵意境、主人心境的总结性描写，于此庵中观山赏水都能得到妙趣，主人的心灵也就不会受到俗染。

这里有几则词语典故需解释。《汉书·韦贤传》上说："遗子黄金满籯，不如一经。"经，指儒家经典。明月，即明月珠之省称，乃珠中最精者。蚌胎，指明珠生于蚌体，比喻人得以生德才貌俱佳的儿子。灵台，指人的心灵，意思是灵智能居于人心中。

胡逸老的生平不详，从黄庭坚对他的书斋致虚庵的题诗来看，尽管为诗不免有溢美之词，他也是一个有德、有学的高雅之士。他对子弟重教育而不重遗产，能将自家的粮食救济贫困，安心读书于面对青山绿水的书斋，这些都是描写的事实，由此可见其人品风范。

“藏书万卷可教子，遗金满籝常作灾”，可作为世人持家的箴言。为人在世不满足于谋自身幸福，还致力于为子孙后代谋幸福，这是人们的共性，但如何为子孙打算就大不一样了。许多富贵人家留给子孙万贯家财，但子孙不肖，轻而易得的家财使他们贪图享乐，不图进取，以致腐化堕落，为非作歹，“遗金满籝”常常是害了子孙。而教子读书，培养他们成为有才能有知识有德性的人才，于社会有作为有贡献，当然会得到社会的物质乃至精神回报，生计自然不成问题。家有良田千顷，不如身怀薄技。如今现实中发了财的人很多，但明白这道理的人不多。一些人只知道在物质上尽可能满足子女的需要，甚至连孩子百年之后的风水阴宅都准备好了，这对孩子成长有害无益。青年学生对此都有体会，可以就这两句诗写一篇议论文，一定有所感悟。

书奴却以读书死

年年岁岁笑书奴，生世无端似处女。

世上何人不读书，书奴却以读书死。

李贽《书能误人》

李贽，号卓吾，明泉州晋江（今福建晋江）人，历史上著名思想家。这首诗批评书生死读书，读书死，诗句明白，不必

解释。作为有独特思想体系的学者，这首诗谈他对读书的看法，既有当时的针对性，也有一般的道理，所谓就事论事。从现实原因来说，作者的这种态度是针对宋明理学的，理学讲道统、学统，要求学生士子非圣贤书不读，追求思想上的统一、后人对前人的师承。李贽认为儒家经典并非“万世之至论”，不必以孔子的是非为是非，而要求以自己内心的是非为是非，读书要博览群书，择善而从。意在反对思想专制、思想僵化，提倡个人思想自由、知识创见，是有积极意义的。就一般道理来讲，这里讲的是读书的目的、读书的方法。书籍是先人知识、思想、经验的积累，后人读书是为了在有限的时间获得尽可能多的精神营养，迅速提高自己的人生能力，使自己变得聪明。但书上的知识、经验都是特定条件下的产物，是有限定性的，受时空条件的限制，如不能变书上的知识为自己的智慧，迷信书本，照搬成规，往往在现实中行不通，乃至出现差错，所以读书反被读书误。在历代的读书人中，这种情况是不少见的，诗人提出这一点，对我们有启发意义。

“世上何人不读书，书奴却以读书死”，可以作为我们讲究读书方法的箴言。将读书与独立思考，读书与亲身经验、实地实践结合起来，而且将信书与疑书结合起来，有选择有分析批判地读书，我们必将从读书中受益而不会受误。过去有人鉴于读书误人的问题存在，如鲁迅小说《孔乙己》中的主人公那样，因而认为读书无用，读书使人愚笨，反对读书，当然是片面的、错误的。可以就诗中的观点写一篇论读书的功效、读书方法的文章。

闻有奇书满上方

闻有奇书满上方，归谋诸妇解明珰。
购来且向清宵坐，字字翻开明月光。

王崇简《卖珠易书》

作者王崇简，字敬哉，宛平（今属河北）人。明末进士，清初朝臣。这首诗写一个不富裕的读书人爱书轻宝，亲切有趣。听说寺院里有奇书出售，回家央求妻子摘下耳上的明珰卖掉去买书。买回连夜坐读，便觉字字如月光般生辉醒目。

人生有多种嗜好，有人爱酒，有人爱赌，有人爱色，有人爱书……这些都要花费功夫，又要花钱才能满足的。富贵之人还好说，一般的人家往往因嗜好而生烦恼乃至纠纷。但既为嗜好，不管恶善，都很难改，有人嗜酒爱赌没有钱，就赊欠借贷，乃至变卖家产，弄得倾家荡产的大有人在。一般地说，这种嗜好都被家人痛恨，常常是夫妻反目。而爱书是雅趣，且一般不会坏人性情，出现恶果，因而去买书，妇人竟然也允许了。明珰是珍珠制作的，贵重，是妇女的心爱之物。买书到了这一步，说明他家里没有钱，且没有其他什么可卖的了，生活算是困顿了。但书生觉得读书的愉快是什么也代替不了的，也就管不了那么多了。我们经常听说或看到有人因嗜酒、嗜赌、吸毒不能自制而变卖家财乃至妇人的首饰的，因男人爱书而至于此，实在是少闻未见。就现在社会的情况看，爱好读书买书的人，大多不是收入高的人，即所谓穷书生。买书是很大的经济负担，但仍见到好书就想买，花销大了，影响生计，就不得不回家和妇人商量，乃至说好话求支持了。嗜书是最不坏的嗜好之一，即使读书不为谋生之用，也有益于人生。所以本诗描写的情景令人可喜。故抄录并解说于此，聊作谈资吧。一旦你自己有相类似的爱书经历而要写成文章，这不也可以作为一个生发情思的材料吗？

莫嫌海角天涯远

重理残书喜不支，一言拟告世人知。

莫嫌海角天涯远，但肯摇鞭有到时。

袁枚《新正十一日还山》

袁枚辞过两次官。第一次是他做了九年官后在江宁知县任上辞官，后定居在小仓山的随园中，从事诗文创作和著述。三年之后，因为经济原因，又去陕西做官，但不到一年，又干不下去了，索性永远告别仕途，退居江宁小仓山，过自由自在的文人学者生活。读书、作诗、著述、交文友，游览东南山水名胜。我们抄录的这首诗就是他第二次辞官的心理感受。无官一身轻，人是自由人，身是自由身，去做自己喜欢做的事，终于又可以整日以书为伴了，当然喜不自胜。欢喜之余自己有一点儿心得要告诉世人。人生行路不要嫌海角天涯远，只要肯不断摇鞭促马，总会有到达目的地的时候。这后两句字面上在说赶路，实际上是在说读书，讲的是读书的道理。

“莫嫌海角天涯远，但肯摇鞭有到时”，在诗中讲的是读书要勤勉，肯下持久耐劳的功夫，即所说的“书山有路勤为径，学海无涯苦作舟”。袁枚自幼爱读书，十二岁就考上了秀才，二十三岁中进士，后成为乾嘉时期三大诗人之一，且是清代重要的诗论家。这除了他的天资外，主要是他能在读书上下苦功夫。关于读书下功夫，他还有一首诗，写得十分有趣，抄在下面聊供欣赏。《寒夜》：“寒夜读书忘却眠，锦衾香烬炉无烟。美人含恨夺灯去，问卿知是几更天。”他读书到深夜，忘记了寒冷，忘记了时辰，夫人又气又怜将灯给夺走了，责怪了他一顿。

“莫嫌海角天涯远，但肯摇鞭有到时”，所讲的道理不仅适用于读书，做任何有较大价值意义的事情都是这样的。成就任何事业，怕苦怕累是不行的，以勤苦为途径才可能成功，聪明人也要下苦功夫。这当然是一个议论文题目。道理我们都懂，但做起来就难了。不过你要真是下功夫读书了，苦后会有乐趣的。

岂用争名在一时

文士相轻古有之，词场壁垒各坚持。
集偷沈约嗤为贼，经受遵明不奉师。

村女插花偏自好，丑人诟镜果何私。

千秋自有无穷眼，岂用争名在一时。

赵翼《争名》

这首诗谈人不必争名，历史自有公道的评价。魏文帝曹丕就曾说过，文人相轻，自古已然。魏文帝距今已有一千七八百年了，也很古了，中国文人从何时起相轻的呢？大概有文人时就开始了，可见这是个传统，是能遗传的毛病。不仅个人相轻，门户之见也很厉害，壁垒森严。如北齐人魏收与邢邵就互相攻击，魏说邢的文章鄙陋，邢说魏为文抄袭任昉的文章，魏又还击说邢剽窃沈约的文章。还有北魏的徐遵明虽为学者，但不遵奉老师，说自己的学问是自己心中悟的。其实，这些人都像村妇戴花一样自以为美，或者像丑人骂镜子一样，为自己护短。时间是公道的，是美是丑不用自己争。

这首诗没有太深刻奇妙的道理，说的是大实话、大实情。可是这道理就是不能人人认同。在文学史上常有文人互相贬损攻击的情况，贬损别人当然就是抬高自己。为什么呢？从心理上说，大凡文人都有一定的才气，有一定的成绩，在自己生活的环境里显得出类拔萃，为人夸赞，渐渐滋生自负心理，后来一遇见也有文才有成绩的人心里就不服，以致出现互相轻慢的事。问题的根本是出于自私，以至于对自己、对别人不能做出客观、公正的判断。正确的态度是，认为自己有才，也得承认别人有才，寸有所长，尺有所短，不必以己之长较人之短。还有山外有山人外有人，小看别人不仅不是对自己的真正肯定，反而使自己显得渺小无知。至于世上有人利用任何场合机会宣扬自己，那效果就有点自我丑化了。

“千秋自有无穷眼，岂用争名在一时”，历史是公正的，时间是最高的评判权威，千古文人墨客无不在它们面前显出自身的实际价值，高者自高，美者自美，自以为高为美者常常是连留在历史中的资格都没有。这道理也适合我们讨论青年人如何认识自身的价值和他人的价值的问题。

学书不就学兵戈

一个浑身有几何，学书不就学兵戈。
南思北想无安着，明镜催人白发多。

宋应星《怜愚诗》

作者宋应星，字长庚，明代江西奉新人。所著《天工开物》一书是中国科学技术名著。这首诗告诫青年人不要见异思迁。一个人的时间精力能有多少？读书读不好又改去学刀剑。想学这个又想学那个，一个也未学成，大好时光就匆匆过去了。

诗中说的这种情况，很有普遍性。有的人没有恒心，耐不住寂寞，学什么都半途而废，所谓见异思迁，这山望着那山高。任何一门学业，都不是仅靠一点儿兴趣热情，就能学好的。学一业，要练基本功，这基本功都要较长时间的反复习练，其中的过程有些是机械、枯燥的，为学者一定得有耐性，能吃苦。就如诗中说的学书，古人说须得十年寒窗苦，今人叫宁坐十年冷板凳。但十年辛苦太寻常，也只能取得一般的及格成绩，要真正深入学问的海洋，有所创就，那要花上几十年，甚至是一辈子的工夫。“学海无涯苦作舟”就是一个形象的说法。读书治学是最寂寞耐苦的事业，难道学兵戈就好学？十八般兵器要通，有几门要精，那练功要起五更，睡半夜，冬练三九，夏练三伏，哪里都是舒服愉快的事？似乎演艺业吹打弹拉，轻歌曼舞，学起来应该是轻松愉快的，其实不然，没听说“台上一分钟，台下十年功”嘛。总之任何学业都不容易学好，都要付出艰苦的努力，才可能有成。要学一行爱一行，先能吃苦，耐住寂寞，入门以后，就慢慢地有乐趣了，那苦中之乐、苦后之乐才是真正的快乐。

“南思北想无安着，明镜催人白发多”，青春易逝，时不我待，切莫心浮气躁，好高骛远，游移不定，还是下定决心学好一业吧。

但开风气不为师

河汾房杜有人疑，名位千秋处士卑。

一事平生无齮龁，但开风气不为师。

龚自珍《己亥杂诗》一零四

这首诗论古人之事，言个人志向。隋代学者王通抱负远大，曾经说，如有人肯用我，我能成为周公那样的辅国之臣。他西游长安，上“太平十二策”给隋文帝，但受大臣阻挠，未被用。于是退居黄河、汾水间白牛溪，从事著述和教授，学生远道慕名而来，受业者数千人。唐朝重臣李靖、魏徵、房玄龄等出其门下。但宋代以后，对于王通本人及其著作学说的真伪，人们颇为怀疑。所以龚自珍这诗中开头说“河汾房杜有人疑”。杜是杜如晦，他和房玄龄都是唐朝著名宰相，合称房杜。房善谋划，杜善决断，二人珠联璧合，配合默契，辅佐唐太宗，政绩卓然。第二句说，房杜贵为国家宰辅，名高位尊，但其师王通终生未得功名，“处士”一个。处士就是有才德而没取得功名的读书人，所以位卑。最后两句说自己一生平淡无争，做官也无什么作为，没有房杜那样的功名事业，但也不爱为人师，如王通那样去授徒传业。意思是自己的思想创见可以启发天下的学人，有扭转世风的大用，其目的不在于培养出几个名臣贤相。

“但开风气不为师”，自龚定庵始，成为许多有极高抱负的学人志向。其主要含意是为学者不拘于做一个学问事业的承传人，古人先人怎么讲，我也照着讲，不甘心做一个教书匠，而要做一个在学术上有创见的，开创学术思想新天地、新格局的大师巨子。这样的人，不仅对某一门学术，而且对整个社会的文化精神都有影响，流风久远泽惠后人，对国家社会的贡献远在一般创立事功的能臣、良将之上。这大概是学人自负的一个最有代表性的表述了。我们用在作文中是评价某些学术思想大师的时候。

后 记

本书的部分篇章是请徐雪芹同志撰写的，为明确著作权利责任，现将其执笔的篇目开列于下：

小荷才露尖尖角　心似蛛丝游碧落
满眼落花多少意　遍身罗绮者
英雄事往人何在　豪华尽出成功后
夜阑卧听风吹雨　零丁洋里叹零丁
铁马秋风大散关　从今别却江南路
家祭无忘告乃翁　死亦为鬼雄
遥知不是雪　可使食无肉
要留清白在人间　且教桃李闹春风
鹅鸭不知春去尽　带得寒鸦两两归
桃花雨过碎红飞　春风又绿江南岸
老树着花无丑枝　闲看儿童捉柳花
碧云望断空回首　画桥依约垂杨外
乍暖柳条无气力　小楼一夜听春雨
一夜吹香过石桥　深夜无风莲叶响
春来无处不茸茸　一语天然万古新
前树未回疑路断　伤心桥下春波绿
不道云从底处来　春江水暖鸭先知
共在人间说天上　不在诗书礼乐中

江南虽好是他乡　凌波仙子生尘袜

海棠不惜胭脂色　谁怜三尺像

雪满山中高士卧

凡四十一篇

武振国